# 착! 붙는
# 스페인어
# 단어장

저 최윤국, 정호선

시사 Books

　스페인어 단어장 고르기 참 어렵지요? 여기 여러분 스스로 주인공이 되어 테마별로 단어를 학습할 수 있는 책이 있습니다. 이 책은 우리의 인생을 테마 별로 나누어 그 상황에서 어떠한 단어가 필수적인지 학습할 수 있도록 되어 있습니다.

　꼭 알아야 할 단어를 엄선하고, 단어 학습의 효율을 높이고 응용력을 키우기 위해 좋은 문장을 제시하고 있습니다. 실생활에서 유용한 예문을 제시하며 수능, 내신 및 DELE(A1~B1) 등의 각종 시험에 대비할 수 있는, 실전에 강한 단어로 구성되어 있습니다.

　아울러 소주제별로 배운 것을 확실하게 자기 것으로 만들 수 있는 다양한 유형의 연습 문제가 수록되어 있습니다. 철자 맞추기, 이미지에 맞는 단어 찾기, 단어를 바르게 연결해 문장 만들기 등의 유형뿐만 아니라 대주제별로 십자말풀이를 통해 학습하는 재미를 더할 수 있습니다.

　이 책은 집필하는 저자뿐만 아니라 출판사의 많은 분들의 지치지 않는 노력의 결실입니다. 스페인어 단어 학습에 흥미를 가지고 단어를 가지고 놀 줄 아는 여러분의 모습을 기대합니다.

최윤국, 정호선

# 목차

## 이 책의 사용법

### ∷ 기본기 다지는 데 꼭 필요한 단어 엄선

DELE A1~B1 수준의 단어를 익힐 수 있습니다. 단어의 단순 나열이 아니라 사람이 태어난 가정부터 시작하여 유년기와 소년기, 대학 생활, 사회 생활을 거치는 과정에 따라 단어를 정리하여 관련 있는 단어를 좀더 효과적으로 학습할 수 있습니다. 또한 실용적인 예문을 통해 단어 학습의 효율성을 더욱 높일 수 있습니다.

### ∷ 셀프 점검

단어 앞의 체크 박스에 암기한 단어를 표시하여 스스로 학습한 단어를 확인할 수 있습니다. 눈으로만 보는 것이 아니라 직접 단어를 써 볼 수 있는 공간을 두어 효과적으로 교재를 활용할 수 있게 하였습니다.

## :: 연습 문제

소주제마다 연습 문제와 [쉬어가기] 코너를, 대주제마다 [십자말풀이]를 구성하여 학습한 단어를 철저하게 익힐 수 있습니다. 다양한 형식의 연습 문제를 풀어봄으로써 심화된 학습을 할 수 있습니다.

## :: MP3 파일 제공

원어민이 들려 주는 발음을 통해 확실하게 단어를 익힐 수 있습니다. 발음 연습을 하면서 청취 실력도 충분히 향상시킬 수 있습니다. 책에 있는 QR코드를 스캔하여 바로 들을 수 있으며, 랭기지플러스 홈페이지(www.sisabooks.com)를 통해 MP3 파일을 다운받을 수 있습니다.

# I

# Hogar

가정

# 1 Familia 가족

### 명사

| | | |
|---|---|---|
| ☐ yo | Yo soy coreano y profesor de una universidad.<br>나는 한국 사람이며 대학 교수이다. | 나 |
| ☐ padre | Mi padre se llama Juan Carlos.<br>나의 아버지 이름은 후안 까를로스이다.<br>동의어 papá | 아버지 |
| ☐ madre | La madre de Ana es guapa.<br>아나의 엄마는 예쁘다.<br>동의어 mamá | 어머니 |
| ☐ hermano/a | Mi hermano menor está de vacaciones en Seúl.<br>내 남동생은 서울에서 휴가를 보내고 있다. | 남자/여자 형제 |
| ☐ abuelo/a | Mi abuelo murió el año pasado.<br>나의 할아버지는 작년에 돌아가셨다. | 할아버지/ 할머니 |
| ☐ marido | Mi marido es bueno conmigo.<br>나의 남편은 나한테 잘해 준다.<br>동의어 esposo | 남편 |
| ☐ mujer | La mujer de Juan es rubia y alta.<br>후안의 부인은 금발이며 키가 크다.<br>동의어 esposa | 부인 |
| ☐ hijo/a | Tengo un hijo de 6 años, es muy cariñoso.<br>나는 여섯 살짜리 아들이 하나 있는데 아주 사랑스럽다. | 아들/딸 |

| | | |
|---|---|---|
| ☐ suegro/a | Ayer el suegro de mi hija ingresó en el hospital.<br>어제 내 딸의 시아버지가 병원에 입원하셨다. | 시아버지,<br>장인/<br>시어머니,<br>장모 |
| ☐ primo/a | Mi hijo tiene 2 primos.<br>내 아들은 사촌이 두 명 있다. | 남자/여자<br>사촌 |
| ☐ sobrino/a | Mis sobrinos estudian español en la Universidad de Salamanca.<br>내 조카들은 살라망까 대학에서 스페인어를 공부한다. | 남자/여자<br>조카 |
| ☐ cuñado/a | El cuñado de Ana volvió a casarse 3 años después del divorcio.<br>아나의 시아주버니는 이혼한 지 3년 만에 재혼했다. | 시아주버니,<br>시동생/<br>시누이,<br>동서, 올케 |
| ☐ tío/a | Mi tío Alberto trabaja en una compañía multinacional.<br>나의 삼촌 알베르또는 다국적 기업에서 일하신다. | 삼촌, 이모<br>부,고모부/<br>숙모, 이모,<br>고모 |
| ☐ nuera | A mi nuera le gusta cocinar.<br>내 며느리는 요리하는 것을 좋아한다. | 며느리 |
| ☐ yerno | El marido de mi hermana mayor es el yerno de mis padres.<br>우리 형부는 우리 부모님의 사위이다. | 사위 |
| ☐ nieto/a | Tenemos 7 nietos que viven en Bogotá.<br>나는 보고따에 살고 있는 손자가 7명 있다. | 손자/손녀 |
| ☐ familia | En mi familia somos tres; mis padres y yo.<br>우리 식구는 세 명이다; 부모님 그리고 나 | 가족 |

☐ soltero/a

Mucha gente piensa que un soltero se divierte en la vida más que un casado.

많은 사람들은 독신이 결혼한 사람보다 삶을 더 즐긴다고 생각한다.

미혼남/미혼녀

☐ casado/a

Mari es soltera, el casado es su hermano menor.

마리는 미혼이고, 결혼한 사람은 그녀의 남동생이다.

기혼자

☐ divorciado/a

Carlos está divorciado desde hace dos años.

까를로스는 2년 전부터 이혼한 상태이다.

이혼남/이혼녀

☐ separado/a

Conozco a un separado, es muy buena persona.

나는 별거 중인 남자를 한 명 알고 있는데 아주 좋은 사람이다.

별거 남/별거녀

☐ viudo/a

Me voy a casar el mes que viene con un viudo que conocí en Caracas.

나는 다음 달에 까라까스에서 알게 된 홀아비와 결혼할 예정이다.

홀아비/과부

## 관련 어휘

- pariente 친척

- padres/papás 부모님

- hijos 자녀

- abuelos 조부모님
  - 참고 bisabuelo/a 증조부/증조모
  - tatarabuelo/a 고조부/고조모

- primogénito 장손
  - 참고 hijo/a único/a 외동아들/외동딸
  - hijastro/a 의붓아들/의붓딸
  - adoptado/a 양자/양녀

- gemelos/as 남자/여자 쌍둥이
  - 동의어 mellizos/as

- padrastro 계부
  - 참고 madrastra 계모

- prometido/a 약혼남/약혼녀

- descendientes 후손
  - 참고 antepasados 조상

- matrimonio 부부

- heredero/a 상속자/상속녀

- media naranja 반려자, 자기의 반쪽

- personalidad 인격
  - 참고 personalidad doble 이중인격
  - personalidad fuerte 강한 개성

| ☐ generoso/a | Su hijastro es generoso.<br>그의 의붓아들은 너그럽다. | 너그러운,<br>자애로운 |
|---|---|---|
| ☐ tacaño/a | ¡No seas tacaño, invítanos a un café!<br>인색하게 굴지 말고 우리한테 커피 한 잔 사!<br>동의어 avaro | 인색한 |
| ☐ activo/a | Aquel matrimonio coreano es muy activo.<br>저 한국인 부부는 굉장히 활동적이다. | 활동적인 |
| ☐ alegre | Acabo de escuchar una noticia alegre.<br>나는 방금 막 기쁜 소식을 들었다. | 기쁜 |
| ☐ triste | Estoy triste porque ha muerto mi perrito.<br>나의 강아지가 죽어서 슬프다. | 슬픈,<br>우울한 |
| ☐ simpático/a | Toda mi familia es simpática.<br>우리 가족은 상냥하다.<br>반의어 antipático 상냥하지 않은 | 상냥한 |
| ☐ amable | Tienes que ser amable con tus compañeros.<br>너는 친구들한테 친절해야 돼. | 친절한 |
| ☐ romántico/a | A los gemelos les gusta la música romántica.<br>쌍둥이들은 낭만적인 음악을 좋아한다. | 낭만적인 |
| ☐ feliz | ¡Feliz Navidad!<br>메리 크리스마스! | 행복한 |

| inteligente | El teléfono inteligente es muy caro.<br>스마트폰은 비싸다. | 지혜로운,<br>똑똑한 |
|---|---|---|
| estricto/a | A veces mis padres son estrictos.<br>가끔 우리 부모님은 엄격하시다. | 엄격한 |
| sociable | Es bueno ser sociable para hacer amigos.<br>친구를 사귀는 데는 사교적인 게 좋다. | 사교적인 |
| tímido/a | Conozco a un estudiante de coreano y es tímido.<br>나는 한국어 배우는 학생을 한 명 알고 있는데 그는 소심하다. | 소심한 |

perezoso/a — Mi hija es trabajadora, en cambio mi hijo es perezoso.
내 딸은 근면한 반면에 아들은 게으르다.
동의어 vago
반의어 trabajador/a 부지런한 — 게으른

abierto/a — Mi sobrina Bora es una chica abierta, pero no es sincera.
내 조카 보라는 개방적이기는 한데 진실하지는 않다.
반의어 cerrado/a 폐쇄적인
참고 carácter abierto 개방적인 성격 — 개방적인

| serio/a | Fernando es serio y nunca bromea.<br>페르난도는 진지한 사람이고 절대 농담을 하지 않는다. | 진지한 |
| tranquilo/a | Vivimos en una zona tranquila.<br>우리는 조용한 동네에서 산다. | 차분한,<br>조용한 |

| □ nervioso/a | Mi hija se pone nerviosa cuando tiene un examen.<br>내 딸은 시험이 있으면 과민해진다. | 과민한,<br>신경질적인 |
|---|---|---|
| □ reservado/a | Antes de decidirnos por algo, tenemos que ser reservados.<br>어떤 결정을 하기 전에 우리들은 신중해야만 합니다. | 신중한 |
| □ conservador /a | Nuestros antepasados fueron muy conservadores.<br>우리의 선조들은 굉장히 보수적이었다. | 보수적인 |
| □ atento/a | Mi media naranja es atento y lo quiero mucho.<br>나의 반려자는 사려 깊은 사람이며 나는 그를 너무 사랑한다. | 사려 깊은,<br>예의 바른 |
| □ puntual | ¡Sé puntual!<br>시간 좀 잘 지켜!<br>반의어 impuntual 시간을 잘 지키지 않는 | 시간을 잘<br>지키는 |
| □ llevar gafas | Yo llevo gafas.<br>나는 안경을 쓴다. | 안경을<br>쓰다 |
| □ tener bigote | Mi abuelo tiene bigote.<br>나의 할아버지는 콧수염이 있다. | 콧수염이<br>있다 |
| □ apellidarse | A: ¿Cómo te apellidas?<br>너는 성이 뭐야?<br>B: Me apellido Park.<br>나는 박 씨야. | 성이 ~이다 |

| ☐ caer bien | Me cae bien el profesor de español, es muy amable.<br>나는 스페인어 선생님이 마음에 들어, 아주 친절하셔.<br>반의어 caer mal 마음에 안 들다 | 마음에 들다 |
|---|---|---|
| ☐ parecerse a | Me parezco a mi padre.<br>나는 아버지를 닮았다. | ~와 닮다 |
| ☐ enamorarse de | Te vas a enamorar de los niños por ser tan lindos.<br>아이들이 너무 예뻐서 너는 아이들한테 반하게 될 거야. | ~에 반하다, 사랑에 빠지다 |
| ☐ prometerse | Nos prometimos nada más graduarnos en la universidad.<br>우리는 대학을 졸업하고 바로 약혼했다. | 약혼하다 |
| ☐ casarse con | Por fin me caso con la mujer hermosa y linda con la que soñaba.<br>나는 결국 내가 꿈 꿔왔던 아름다운 여자와 결혼한다. | 결혼하다 |
| ☐ pelearse con | Juan y Ana se pelean siempre al verse.<br>후안과 아나는 만나면 항상 싸운다. | ~와 다투다 |
| ☐ romper con | Rompí con mi novio porque él era egoísta y nunca me escuchaba.<br>나는 내 애인이 이기적이고 내 말을 전혀 듣지 않아서 그와 헤어졌다. | ~와 헤어지다, 연을 끊다 |
| ☐ divorciarse de | Fernando dijo que se divorciaría de su mujer.<br>페르난도는 자신의 부인과 이혼할 거라고 말했다. | ~와 이혼하다 |

☐ adoptar

Adoptamos una niña pequeña y bonita el mes que viene.

우리는 다음 달에 작고 예쁜 여자 아이를 입양한다.

입양하다

☐ heredar

Siempre heredo toda la ropa de mi hermana mayor.

나는 항상 모든 옷을 언니한테 물려받는다.

상속하다, 물려받다

Ⅰ 〈보기〉를 참고하여 단어를 올바르게 배열하세요.

① ATÍ _____

② EAABLU _____

③ JIOH _____

④ MRTNAAEASRH _____

⑤ TOMNIGÉPORI _____

> **보기**
>
> PRIMOGÉNITO    HIJO    ABUELA
> HERMANASTRA    TÍA

Ⅱ 빈칸에 알맞은 말을 쓰세요.

① Yo soy _____ _____. 저는 외동아들입니다.

② _____ _____ _____ el profesor de español, es muy _____.
나는 스페인어 선생님이 마음에 들어, 아주 친절하셔.

③ Su hijastro está _____ y es _____. 그의 의붓아들은 결혼했으며 너그럽다.

Ⅲ 다음 그림과 관련된 단어를 찾아 쓰세요.

보기

casarse    llevar gafas    tener barba    pelearse

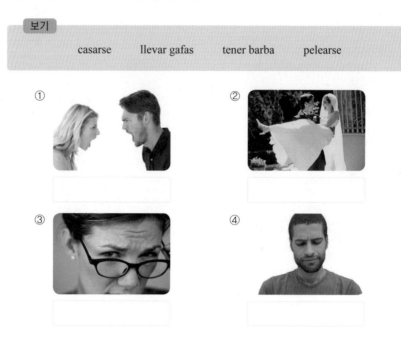

① _____    ② _____

③ _____    ④ _____

Ⅳ 밑줄 친 부분과 같은 의미의 표현을 쓰세요.

① Yo estoy casado y mi *mujer* se llama Julia.

(　　)

② Tengo una hermana *gemela* que es idéntica a mí.

(　　)

③ Mi hija es trabajadora, en cambio mi hijo es *perezoso*.

(　　)

정답

Ⅰ   ① tía    ② abuela    ③ hijo    ④ hermanastra    ⑤ primogénito
Ⅱ   ① hijo único    ② Me cae bien, amable    ③ casado, generoso
Ⅲ   ① pelearse    ② casarse    ③ llevar gafas    ④ tener barba
Ⅳ   ① esposa    ② melliza    ③ vago

⊙ 다음 단어를 찾아 보세요.

| X | S | O | B | R | I | N | O |
|---|---|---|---|---|---|---|---|
| K | Ñ | P | Q | U | A | T | A |
| H | E | R | M | A | N | O | R |
| D | O | I | S | Y | Ñ | A | G |
| Q | J | M | F | S | I | F | E |
| T | I | A | W | U | E | I | U |
| B | H | O | T | E | I | N | S |
| M | X | L | M | A | D | R | E |

HERMANO HIJO MADRE NIETO

PRIMA SOBRINO SUEGRA TIA

※ [쉬어가기] 단어에는 강세가 생략되어 있습니다.

# 2 Casa/Hogar 집/가정

**명사**

☐ **casa**

Mi casa está cerca de la escuela.
나의 집은 학교 가까이에 있다.

참고 apartamento, piso 아파트
casa rural 전원주택
chalé 별장
casa propia 자가

집

☐ **estudio**

Daniel usa su estudio como taller.
다니엘은 그의 스튜디오를 작업실로 사용한다.

스튜디오

☐ **garaje**

En mi casa hay un garaje en el que caben dos coches.
나의 집에는 차가 두 대 들어가는 차고가 있다.

차고

☐ **jardín**

En el jardín hay muchas flores bonitas.
정원에는 예쁜 꽃들이 많이 있다.

정원

☐ **terraza**

Desde la terraza se ve bien la montaña.
테라스에서 산이 잘 보인다.

참고 balcón 발코니
cerca 울타리, 담장

테라스

☐ **portal**

Colgué mi chaqueta en el perchero que está en el portal.
나는 현관에 있는 옷걸이에 내 재킷을 걸었다.

동의어 entrada, vestíbulo

현관

☐ **habitación**

En mi habitación hay un escritorio grande.
내 방에는 큰 책상이 하나 있다.

동의어 cuarto
참고 cuarto de estudio 공부방

방

| dormitorio | El dormitorio que está al fondo del pasillo es de mis padres. | 침실 |
| | 복도 끝에 있는 침실은 우리 부모님의 침실이다. | |
| | 참고 dormitorio de matrimonio 부부 침실 | |
| | dormitorio de invitados 손님 침실 | |

| salón | El salón es luminoso. | 거실 |
| | 거실은 환하다. | |
| | 참고 salón-comedor 다이닝 리빙룸 | |

| pasillo | El pasillo es largo y estrecho. | 복도 |
| | 복도는 길고 좁다. | |

| comedor | El comedor de los estudiantes está pintado de un color bonito. | 식당 |
| | 학생 식당은 예쁜 색으로 칠해져 있다. | |

| ventana | ¡Qué calor! Abra la ventana, por favor. | 창문 |
| | 어휴, 더워! 창문 좀 열어 주세요. | |

| puerta | La puerta está abierta hasta las cuatro y media. | 문 |
| | 문은 4시 반까지 열려 있다. | |

| televisor | El televisor de nuestro abuelo es en blanco y negro. | 텔레비전 |
| | 우리 할아버지네 TV는 흑백 TV이다. | |

| sofá | Como el sofá es muy cómodo, nos gusta ver la televisión sentados en él. | 소파 |
| | 소파가 너무 편해서 우리는 소파에 앉아서 TV 보는 것을 좋아한다. | |

## mesa

La mesa y las sillas del comedor son de estilo románico.

식당에 있는 탁자와 의자들은 로마네스크 양식이다.

참고 mesilla de noche 협탁

탁자

## lámpara

Vamos a comprar a los grandes almacenes una lámpara para ponerla en la mesilla.

우리들은 협탁 위에 놓을 램프를 사려고 백화점에 갈 것이다.

램프

## reloj

Este es el reloj que me regaló mi novio por mi cumpleaños.

이것은 내 애인이 생일 선물로 나한테 선물한 시계이다.

시계

## 관련 어휘

☐ persianas 블라인드
- 참고 cortina 커튼

☐ almohada 베개

☐ escritorio 책상
- 참고 cajón 서랍

☐ despertador 자명종

☐ zona residencial 주거 지역
- 참고 zona comercial 상업 지역

☐ planta 층
- 참고 dúplex 복층
  segunda planta 2층

☐ ático 옥상, 다락방

☐ tejado 지붕

☐ techo 천장

☐ suelo 바닥

☐ pilar 기둥

☐ pared 벽

☐ patio 안뜰

☐ escalera 계단
- 참고 ascensor 승강기

☐ sótano 지하실

☐ alfombra 카페트

☐ futón 요
- 참고 manta 담요

☐ mueble 가구
- 참고 armario 장롱
  cama 침대
  estantería 선반류, 책장
  cómoda 서랍장

☐ colchón 매트리스

☐ cojín 방석, 쿠션

☐ aire acondicionado 에어컨

☐ calefacción 난방

☐ purificador de aire 공기 청정기

☐ propietario/a 주인, 소유주

☐ vecino/a 이웃

☐ agencia inmobiliaria 부동산

☐ basura 쓰레기

☐ aspirador 진공 청소기

☐ quehaceres domésticos 집안일
- 참고 barrer / escobar 비질을 하다

☐ **amplio/a**

Este cuarto es amplio.

이 방은 넓다.

넓은

---

☐ **grande**

La casa rural está un poco lejos del centro, pero tiene un jardín bonito y grande con muchos árboles.

전원주택은 시내에서 조금 떨어져 있지만 나무가 많은 크고 멋진 정원이 있다.

반의어 pequeño/a 작은

큰

---

☐ **cómodo/a**

Vivir en una ciudad grande es cómodo.

대도시에서 사는 것은 편리하다.

반의어 incómodo 불편한

안락한, 편리한

---

☐ **luminoso/a**

El salón es muy luminoso por la ventana grande.

거실은 큰 창문이 있어서 환하다.

환한

---

☐ **viejo/a**

La cocina está vieja y pienso reformarla.

부엌이 오래돼서 리모델링 하려고 생각 중이다.

반의어 nuevo 새로운

낡은, 늙은

---

☐ **antiguo/a**

Su casa es bastante antigua, pero está bien conservada.

그의 집은 고택이지만 아주 잘 보존되어 있다.

반의어 moderna 근대식의

오래된

---

☐ **barato/a**

En el salón hay una alfombra barata, grande y muy bonita, además es persa.

거실에는 싸지만 크고 멋진 카펫이 하나 있는데 페르시아 산이다.

반의어 caro 비싼

싼

☐ **ruidoso/a**

Este barrio es muy ruidoso.

이 동네는 시끄럽다.

반의어 tranquilo 조용한

시끄러운

---

☐ **soleado/a**

Necesitamos una habitación soleada.

우리는 해가 잘 드는 방이 하나 필요하다.

양지바른

---

☐ **alquilar**

Quiero alquilar una casa en una zona tranquila.

조용한 동네에 집을 하나 임대하고 싶다.

참고 alquiler 임대

임대하다

---

☐ **comprar**

Compramos una casa con dos habitaciones grandes y una cocina bien equipada.

우리는 큰 방이 두 개 있고 부엌이 잘 구비된 집을 샀다.

반의어 vender 팔다

사다

---

☐ **estar bien ubicado**

Mi casa está muy bien ubicada.

나의 집은 아주 좋은 곳에 위치해 있다.

참고 estar bien comunicado 교통이 좋다
estar a 5 minutos caminando
걸어서 5분 거리에 있다
estar lejos del centro 시내에서 멀리 떨어져 있다
estar cerca del centro 시내에서 가까이에 있다

좋은 곳에
위치하다

---

☐ **mudarse**

Nos mudamos a las afueras y ahora vivimos con mucha tranquilidad.

우리는 외곽으로 이사해서 지금은 아주 조용하게 산다.

동의어 cambiarse de casa

이사하다

---

☐ **amueblar**

En la sala no hay nada y tengo que amueblarla.

거실에 아무것도 없어서 나는 가구를 들여 놓아야 한다.

참고 estar amueblado 가구가 설치되어 있다

가구를
놓다

---

| | | |
|---|---|---|
| ☐ buscar | Busco un estudio pequeño en el centro de la ciudad.<br>나는 시내에 있는 작은 스튜디오를 구한다.<br>참고 buscar el alojamiento 숙소를 찾다 | 찾다,<br>구하다 |
| ☐ decorar | Me gusta decorar la casa.<br>나는 집 꾸미는 것을 좋아한다. | 꾸미다,<br>장식하다 |
| ☐ remodelar | Hace 1 año que remodelaron este edificio.<br>그들은 일 년 전에 이 건물을 리모델링 했다.<br>동의어 modificar | 리모델링<br>하다 |
| ☐ limpiar la casa | Limpio la casa una vez a la semana.<br>나는 일주일에 한 번씩 집 청소를 한다.<br>참고 estar de obras 공사 중이다<br>  sacudir el polvo 먼지를 털다 | 집 청소를<br>하다 |
| ☐ apagar la luz | Tenemos que apagar la luz para ahorrar energía.<br>에너지를 절약하기 위해 우리는 불을 꺼야 한다.<br>참고 encender la luz/poner la luz 불을 켜다 | 불을 끄다 |
| ☐ dar a | Mi habitación da al sur.<br>내 방은 남향이다. | 방향이 ~<br>이다 |
| ☐ dar una fiesta de inauguración de casa | Vamos a dar una fiesta de inauguración de casa este fin de semana. ¿Puedes venir?<br>이번 주말에 집들이 할 거야, 너 올 수 있니? | 집들이를<br>하다 |

Ⅰ 〈보기〉를 참고하여 단어를 올바르게 배열하세요.

① HCAETL _____

② OUDTISE _____

③ SPLAIOL _____

④ PMÁRALA _____

⑤ PLRIA _____

보기

CHALET     PILAR     LÁMPARA
ESTUDIO     PASILLO

Ⅱ 빈칸에 알맞은 말을 쓰세요.

① Busco _____ _____ _____ en el centro de la ciudad.
시내에 있는 작은 스튜디오를 구한다.

② _____ _____ a las afueras y ahora vivimos con mucha tranquilidad.
우리는 외곽으로 이사해서 지금은 아주 조용하게 산다.

③ Mi casa _____ _____ 5 minutos caminando.
나의 집은 걸어서 5분 거리에 있다.

**III** 다음 그림을 보고 관련된 단어를 연결해 보세요.

① reloj

ⓐ

② ventana

ⓑ

③ garaje

ⓒ

④ sofá

ⓓ

**IV** 밑줄 친 부분과 반대되는 의미의 표현을 써 보세요.

① La cocina está *vieja* y pienso reformarla.

(          )

② El salón es muy *luminoso* por la ventana grande.

(          )

③ Su casa es bastante *antigua*, pero está bien conservada.

(          )

⊙ 다음 단어를 찾아 보세요.

| | | | | | | | |
|---|---|---|---|---|---|---|---|
| U | N | P | A | T | I | O | X |
| T | V | G | A | R | A | J | E |
| O | T | E | C | H | O | S | L |
| N | J | Q | N | E | A | F | P |
| I | M | N | I | T | E | K | U |
| C | I | S | O | F | A | K | D |
| E | D | X | T | R | L | N | A |
| V | F | S | A | L | O | N | A |

DUPLEX    GARAJE    PATIO    TECHO

SALON    VENTANA    VECINO    SOFA

# 3 Interior 실내

## 명사

**bañera**

La bañera está llena de agua caliente.
욕조는 따듯한 물로 가득 차 있다.

욕조

---

**bidé**

Recientemente hemos puesto el bidé en el baño.
최근에 우리는 화장실에 비데를 설치했다.

비데

---

**inodoro**

Tiró de la cadena después de usar el inodoro.
변기를 사용한 뒤에 변기 물을 내렸다.

참고 tirar de la cadena 변기 물을 내리다

동의어 retrete

변기

---

**ducha**

No sale el agua de la ducha, parece estropeada.
샤워기에서 물이 안 나온다. 망가진 것 같다.

샤워기,
샤워

---

**espejo**

El espejo es pequeño y está pegado en la pared.
거울은 작고 벽에 걸려 있다.

거울

---

**lavabo**

El lavabo está al lado del inodoro.
세면대는 변기 옆에 있다.

동의어 lavamanos

세면대

---

**grifo**

Tengo que llamar al fontanero porque el grifo está goteando.
수도꼭지에서 물이 새서 나는 수도공을 불러야 한다.

수도꼭지

---

**pasta de dientes**

Me gusta la pasta de dientes con sabor a menta.
나는 박하향 나는 치약이 좋다.

동의어 dentífrico

치약

| | | |
|---|---|---|
| ☐ cepillo de dientes | No me gusta usar cepillos de dientes eléctricos porque me hacen daño en las encías.<br>잇몸을 상하게 해서 나는 전동칫솔 쓰는 것을 싫어한다. | 칫솔 |
| ☐ toalla | Se me ha olvidado traer la toalla grande.<br>큰 수건을 가지고 오는 것을 잊어버렸어요.<br>참고 toallero 수건 걸이 | 수건 |
| ☐ secador | Se me cayó el secador y no funciona.<br>제가 드라이어를 떨어뜨렸어요, 작동이 안 돼요. | 드라이어 |
| ☐ peine | El peine está encima del lavabo.<br>머리빗은 세면대 위에 있다.<br>참고 cepillo del pelo 머리 브러시 | 머리빗 |
| ☐ jabón | Como no tenemos jabón en el baño, tenemos que comprarlo.<br>화장실에 비누가 없어서, 우리는 비누를 사야 된다.<br>참고 jabón de afeitar, espuma de afeitar 면도 비누 | 비누 |
| ☐ champú | Como no traje champú, me lavé el pelo con el jabón.<br>샴푸를 안 가지고 와서 나는 비누로 머리를 감았다. | 샴푸 |
| ☐ gel | Hay que usar geles de baño con ph neutro.<br>ph 중성의 목욕용 젤을 사용해야 한다. | 젤 |
| ☐ gel fijador | Hace años que uso este gel fijador, según mi opinión es el mejor.<br>몇 년 전부터 나는 이 헤어스프레이를 사용하고 있는데 내 생각에는 최고인 것 같다. | 헤어<br>스프레이 |

| | | |
|---|---|---|
| ☐ papel higiénico | Pásame el papel higiénico, por favor.<br>휴지 좀 건네 주세요, 부탁합니다. | (화장실)<br>휴지 |
| ☐ maquillaje | Necesito quitarme el maquillaje.<br>나는 화장을 지워야 한다.<br>참고 maquillarse 화장하다 | 화장 |
| ☐ nevera | En verano hay que bajar la temperatura de la nevera.<br>여름에는 냉장고 온도를 낮춰야 한다.<br>동의어 refrigerador, frigorífico<br>참고 congelador 냉동고 | 냉장고 |
| ☐ horno | En mi casa usamos el horno para cocer pan.<br>나의 집에서는 빵을 굽기 위해 오븐을 사용한다. | 오븐 |
| ☐ microondas | No uso microondas porque me parece malo para la salud.<br>나는 전자레인지가 건강에 나쁘다고 생각하기 때문에 사용하지 않는다. | 전자레인지 |
| ☐ fregadero | Después de comer, pon los platos en el fregadero.<br>식사를 하고 난 뒤에는 접시를 개수대에 놓아 둬.<br>동의어 lavadero | 개수대 |
| ☐ armario de cocina | Hay vajilla nueva en el armario de la cocina.<br>싱크대에 새로운 식기가 있다.<br>참고 lavavajillas 식기세척기 | 싱크대 |

| | | |
|---|---|---|
| ☐ tabla de cocina | Me gustan las tablas de cocina de madera más que las de plástico.<br>나는 플라스틱으로 된 도마보다 나무 도마를 선호한다. | 도마 |
| ☐ sartén | En esa sartén la carne se hace muy bien.<br>그 프라이팬에 고기 요리가 잘 됩니다. | 프라이팬 |
| ☐ tetera | En su casa hay una tetera muy bonita.<br>그의 집에 물 끓이는 예쁜 주전자가 있습니다. | 찻주전자 |
| ☐ bandeja | ¿Le puedes llevar el desayuno a Juan a su cama en una bandeja?<br>후안에게 아침 식사를 쟁반에 받쳐서 침대로 갖다 줄 수 있겠니? | 쟁반 |
| ☐ mantel | Solamente usamos el mantel cuando vienen visitas.<br>우리는 손님이 올 때만 식탁보를 사용한다. | 식탁보 |
| ☐ plato | Hay algunos platos de cristal en la mesa.<br>식탁 위에 유리 접시가 있다. | 접시 |
| ☐ vaso | Camarero, ¿puede traer un vaso limpio, por favor?<br>웨이터, 깨끗한 컵 하나 갖다 주시겠습니까?<br>참고 taza 찻잔<br>copa 술잔 | 물컵,<br>유리컵 |

| | | |
|---|---|---|
| ☐ cubiertos | No me gusta ese restaurante, los cubiertos no están limpios.<br>나는 그 식당이 싫어, 수저와 포크 등이 깨끗하지 않아. | 수저, 포크, 나이프세트 |

| | | |
|---|---|---|
| ☐ cuchara | Usa la cuchara para comer el puré.<br>퓨레를 먹기 위해 수저를 사용한다.<br>**참고** cucharilla 찻숟가락<br>　　　cucharón 국자, 주걱 | 수저 |

| | | |
|---|---|---|
| ☐ cuchillo | Este cuchillo ya está desafilado y hay que comprar uno nuevo.<br>아 칼은 이제 무뎌져서 새것을 하나 사야 된다. | 칼 |

| | | |
|---|---|---|
| ☐ tenedor | Pásame el tenedor, todavía no sé usar bien los palillos.<br>포크 좀 줘, 나는 아직 젓가락을 잘 사용할 줄 몰라. | 포크 |

| | | |
|---|---|---|
| ☐ palillos | Me gustan los palillos de madera, son más fáciles de usar.<br>나는 나무젓가락이 좋아, 사용하기가 더 쉬워. | 젓가락 |

| | | |
|---|---|---|
| ☐ servilleta | Las servilletas están encima de la mesa.<br>냅킨은 탁자 위에 있어요. | 냅킨 |

| | | |
|---|---|---|
| ☐ olla | No toques la olla porque está muy caliente.<br>아주 뜨거우니까 냄비 만지지 마.<br>**참고** olla de presión, olla a presión 압력솥<br>　　　olla de presión eléctrica 전기 압력솥 | 냄비 |

☐ extractor de humo

¡Por favor! Enciende el extractor de humo antes de fumar.

부탁인데, 담배 피우기 전에 환풍기 좀 틀어.

환풍기

---

☐ gas

Siempre hay que apagar bien el gas después de usarlo.

가스를 사용한 뒤에는 항상 잘 꺼야 한다.

참고 cocina de gas 가스레인지
cocina eléctrica 전기레인지
cocina vitrocerámica eléctrica 인덕션 전기레인지

가스

---

☐ licuadora

Uso la licuadora todos los días para preparar zumo de frutas.

나는 과일 주스를 준비하느라 믹서를 매일 사용한다.

동의어 batidora

믹서

- albornoz 목욕 가운
- ambientador 방향제
- cuchilla de afeitar 면도칼
- máquina de afeitar 전기면도기
- higiene 위생
- desagüe 배수구
- bañera 수도관

- balanza 저울
  동의어 báscula
- jarra 물병
- cafetera 커피메이커
- espumador 거품기
- electrodoméstico 가전제품(의)
- filtrador de agua 정수기

**형용사/동사**

---

☐ sucio/a

No puedes tocarlo con las manos sucias.
너는 더러운 손으로 그것을 만질 수 없다.
참고 estar sucio 더럽다

더러운

---

☐ limpio/a

El baño está muy limpio.
욕실(화장실)이 깨끗하다.
참고 estar limpio 깨끗하다

깨끗한

---

☐ caliente

Nos gusta tomar el café caliente.
우리는 따뜻한 커피 마시는 것을 좋아한다.
반의어 frío 찬
참고 estar caliente 뜨겁다

따뜻한

---

☐ ensuciar

No te ensucies la blusa nueva.
새로 산 블라우스를 더럽히지 마라.

더럽히다

---

☐ limpiar

Acabo de limpiar todos los materiales.
나는 이제 막 모든 재료를 깨끗하게 닦았다.

깨끗하게
하다

---

☐ afeitarse

Me afeito todas las mañanas.
나는 아침마다 면도를 한다.

면도하다

---

☐ bañarse

En cuanto nos levantamos, nos bañamos.
우리들은 일어나는 즉시 목욕을 한다.

목욕하다

---

☐ ducharse

Me gusta ducharme con agua fría.
나는 찬물로 샤워하는 것을 좋아한다.

샤워하다

---

| | | |
|---|---|---|
| ☐ lavarse | Los niños se lavan las manos antes de comer.<br>아이들은 밥을 먹기 전에 손을 씻는다.<br><br>참고 lavarse las manos 손을 씻다<br>lavarse la cara 세수를 하다<br>lavarse el pelo 머리를 감다 | 씻다 |
| ☐ cepillarse los dientes | Es importante cepillarse los dientes después de comer.<br>식후에 양치질을 하는 것은 중요하다. | 이를 닦다 |
| ☐ enjuagarse | Después de comer, suelo enjuagarme con productos bucales.<br>식후에 나는 구강청결제로 입을 헹구곤 한다.<br><br>동의어 hacer gárgaras con agua | 입을 헹구다 |
| ☐ peinarse | Mi hija se peina delante del espejo mirándose.<br>내 딸은 거울 앞에서 자기 모습을 보면서 머리를 빗는다. | 머리 빗다 |
| ☐ secarse | Mi madre siempre me dice que salga afuera después de secarme bien el pelo.<br>나의 엄마는 머리를 잘 말리고 밖에 나가라고 항상 말씀하신다. | 말리다 |
| ☐ mojarse | Llovió tanto que me mojé hasta los huesos.<br>비가 너무 많이 와서 나는 비에 흠뻑 젖었다.<br><br>참고 mojarse hasta los huesos 비에 흠뻑 젖다<br>mojar la cama 침대에 오줌을 싸다 | (물이나 다른 액체에)<br>젖다,<br>적시다 |
| ☐ mirarse en el espejo | Debes mirarte en el espejo para saber qué cara tienes.<br>네 얼굴이 어떤지 알려면 너는 거울을 봐야만 돼. | 거울 보다 |

☐ **gotear**

El agua empezó a gotear del grifo.
물이 수도꼭지에서 떨어지기 시작했다.

(물)방울이
떨어지다

☐ **orinar**

Prohibido orinar aquí.
이곳에서 소변 보는 것 금지.

동의어 mear, miccionar

소변을보다

☐ **evacuar**

Evacuar es una función fisiológica.
대변을 보는 것은 생리 현상이다.

동의어 excretar, excrementar, defecar

대변을보다

☐ **estar atascado**

Está atascado el lavabo.
세면대가 막혀 있다.

막혀 있다

☐ **cocinar**

Mi madre cocina muy bien.
우리 엄마는 요리를 아주 잘하신다.

요리하다

☐ **cocer**

Tienes que cocerlo por una hora a fuego lento.
그것을 약한 불에 1시간 정도 삶아야 된다.

삶다, 찌다, 굽다

☐ **freír**

Todas las mañanas frío huevos para mis hijos.
나는 매일 아침 아이들에게 줄 달걀을 부친다.

참고 sofreír 살짝 튀기다
saltear 센 불에 튀기다
관용어 tener frito a alguien ~를 지겨워하게 하다

튀기다

☐ **guisar**

Me paso el día guisando ternera.
고기를 삶으면서 하루를 보내고 있다.

푹 끓이다

| | | |
|---|---|---|
| ☐ hervir | Tienes que echarlo cuando hierve el agua. <br> 너는 그것을 물이 끓을 때 넣어야 돼. | 끓이다 |
| ☐ pelar | Para hacer tortilla de patatas, primero, pelamos bien las patatas y después las cortamos en rodajas. <br> 감자또르띠야를 하려면, 먼저 감자 껍질을 잘 벗긴 후에 감자를 얇게 썬다. <br> 참고 pelarse 도망가다 | 껍질을 벗기다 |
| ☐ picar | He picado los ingredientes para echar a la sopa. <br> 수프에 넣으려고 재료들을 잘게 썰었다. | 잘게 썰다 |
| ☐ amasar | El truco para hacer una buena pizza es amasarla algunas horas antes de meterla en el horno. <br> 맛있는 피자를 만드는 방법은 오븐에 피자를 넣기 몇 시간 전에 반죽을 하는 것이다. | 반죽하다 |
| ☐ aliñar | La ensalada se aliña normalmente con aceite, vinagre y sal. <br> 샐러드에는 일반적으로 기름, 식초 그리고 소금을 넣는다. | 양념하다 |
| ☐ asar | Me gusta el pollo asado. <br> 나는 구운 닭을 좋아한다. | 굽다 |
| ☐ batir | Para hacer la tarta de chocolate hay que batir la nata. <br> 초코파이를 만들려면 생크림을 휘저어야 한다. | 휘젓다 |

☐ empanar

Me gusta empanar las pechugas de pollo, ya que quedan muy sabrosas.

나는 닭 가슴살을 빵가루에 버무리는 것을 좋아하는데 이렇게 하면 맛있게 된다.

빵가루에 버무리다

---

☐ fundir

El queso fundido en las hamburguesas es delicioso.

햄버거에 녹아 있는 치즈는 맛있다.

녹이다

---

☐ salpimentar

Después de asar la carne, solamente queda salpimentarla.

고기를 구운 다음에는 소금과 후추만 뿌리면 된다.

소금과 후추로 조미하다

---

☐ poner la mesa

¿Quién va a poner la mesa para mañana?

내일 식탁은 누가 차릴거야?

식탁을 차리다

---

☐ quitar la mesa

En cuanto terminen de comer, quiten la mesa, por favor.

식사가 끝난 즉시, 식탁을 치워 주세요, 부탁합니다.

식탁을 치우다

---

☐ sentarse a la mesa

Su madre le dice que no puede sentarse a la mesa sin lavarse las manos.

그의 엄마는 손을 씻지 않고는 식탁에 앉을 수 없다고 말한다.

참고 levantarse de la mesa 식탁에서 일어나다

식탁에 앉다

---

☐ comer

Después de comer, siempre voy a la cafetería y tomo un café con los amigos.

식후에 나는 항상 커피숍에 가서 친구들과 함께 커피를 한 잔 마신다.

먹다

| □ desayunar | Todos los días desayuno a las 7, ¿y tú? <br> 매일 나는 7시에 아침을 먹어. 너는? | 아침 먹다 |
|---|---|---|
| □ almorzar | Almorzaba en la escuela cuando estaba en secundaria. <br> 중학교에 다닐 때 나는 학교에서 점심을 먹곤 했다. | 점심 먹다 |
| □ merendar | Solemos merendar chocolate con galletas. <br> 우리는 과자랑 초콜릿을 간식으로 먹곤 했었다. | 간식 먹다 |
| □ cenar | Mi padre ve la televisión después de cenar. <br> 나의 아버지는 저녁을 드신 후에 텔레비전을 보신다. | 저녁 먹다 |
| □ fregar | ¿Quién habrá fregado? <br> 누가 설거지를 했을까? <br> 동의어 lavar los platos | 설거지를 하다 |
| □ botar | No boten la basura por la ventana, por favor. <br> 창문으로 쓰레기 버리지 마세요, 부탁합니다. <br> 동의어 tirar, echar, arrojar <br> 참고 tirar la casa por la ventana 돈을 낭비하다 | (밖으로) 내던지다 |

Ⅰ 〈보기〉를 참고하여 단어를 올바르게 배열하세요.

① ABRAEÑ _____

② GFRIO _____

③ ICÍOTRFNDE _____

④ ONOHR _____

⑤ RODEGAFRE _____

보기

> BAÑERA    DENTÍFRICO    GRIFO
> HORNO    FREGADERO

Ⅱ 빈칸에 알맞은 말을 쓰세요.

① Pásame el _____ _____, por favor.

휴지 좀 건네 주세요, 부탁합니다.

② Mi hija se peina delante del _____ mirándose.

내 딸은 거울 앞에서 자기 모습을 보면서 머리를 빗는다.

③ _____ _____ terminen de comer, quiten la mesa por favor.

식사가 끝난 즉시, 식탁을 치워 주세요, 부탁합니다.

④ _____ en la escuela cuando estaba en la secundaria.

중학교에 다닐 때 나는 학교에서 점심을 먹곤 했다.

Ⅲ 다음 그림을 보고 관련된 단어를 써 보세요.

① ② ③ ④

Ⅳ 밑줄 친 단어의 반의어를 쓰세요.

① Mi madre siempre me dice que salga afuera después de *secarme* bien el pelo.

② El baño está muy *limpio*.

③ Nos gusta tomar el café *caliente*.

Ⅰ ① BAÑERA ② GRIFO ③ DENTÍFRICO ④ HORNO ⑤ FREGADERO

Ⅱ ① papel higiénico

② espejo

③ En cuanto

④ Almorzaba

Ⅲ ① lavarse las manos

② cepillarse los dientes

③ peinarse

④ afeitarse

Ⅳ ① mojarme ② sucio ③ frío

⊙ 다음 단어를 찾아 보세요.

| | | | | | | | |
|---|---|---|---|---|---|---|---|
| L | N | B | I | D | E | N | E |
| A | E | M | N | I | Q | N | S |
| V | S | E | C | A | D | O | R |
| A | U | P | M | A | H | C | A |
| B | C | A | H | C | U | D | H |
| O | Y | C | Q | G | Z | E | C |
| B | A | Ñ | E | R | A | I | U |
| G | A | L | L | A | O | T | D |

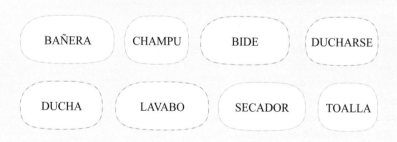

BAÑERA　　CHAMPU　　BIDE　　DUCHARSE

DUCHA　　LAVABO　　SECADOR　　TOALLA

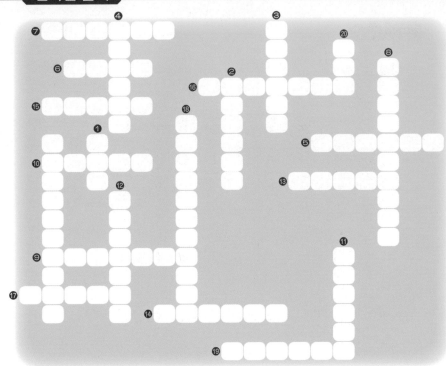

1. Hermana de uno de nuestros padres.
2. Padre de uno de nuestros padres.
3. Antónimo de seco.
4. Antónimo de sucio.
5. Persona que vive cerca de ti.
6. Superficie para dormir
7. Casa unifamiliar e independiente.
8. Habitación para dormir.
9. Órgano que sirve para bombear sangre.
10. Último apartamento de un edificio
11. Aparato que sirve para mantener la comida fresca.
12. Aparato que sirve para secar el pelo.
13. Hijo de uno de tus tíos
14. Caja para guardar joyas.
15. Introducir alimentos en aceite muy caliente.
16. Pelo de la cabeza.
17. Aparato para calentar la comida.
18. Primer hijo de una familia.
19. Cama de dos alturas.
20. Masculino de tía.

# Infancia
# y juventud

유년기와 소년기

**명사**

□ bebé

Ellos quieren tener un bebé pronto.
그들은 빨리 아기를 갖고 싶어 한다.

아기

---

□ chupete

Ese niño ya es muy mayor para usar chupete.
그 애는 젖꼭지를 사용하기에는 이제 너무 크다.

젖꼭지

---

□ biberón

Nuestro hijo se bebe el biberón de un trago.
우리 아들은 젖병(우유)을 단숨에 마셔 버린다.

젖병

---

□ cuna

Aunque han pasado muchos años, recuerdo las canciones de cuna de mi madre.
세월이 많이 흘렀어도 나는 어머니가 불러 주시던 자장가를 기억한다.

참고 cuna mecedora 흔들요람

요람

---

□ pañal

El bebé huele mal, hay que cambiarle el pañal.
아기한테 안 좋은 냄새가 나요. 기저귀를 갈아 줘야겠어요.

참고 pañal desechable 일회용 기저귀
cambiar el pañal 기저귀를 갈다

기저귀

---

□ babero

Es muy gracioso el babero que le compraste a tu hijo.
네가 아들한테 사 준 턱받이는 아주 귀엽다.

참고 saliva 침 흘림

턱받이

---

□ sonajero

Le dimos un sonajero, pero a la niña no le gusta.
애(여자)한테 딸랑이를 줬는데 좋아하지 않네.

딸랑이

| | | |
|---|---|---|
| ☐ andador | El andador se rompió porque era muy viejo.<br>보행기가 낡아서 부서졌다. | 보행기 |
| ☐ columpio | A mi hijo le gusta jugar en el columpio.<br>내 아들은 그네 타는 것을 좋아한다. | 그네 |
| ☐ sillita | Trae la sillita para darle la comida al bebé.<br>아기한테 밥 주게 의자 갖고 와. | 아기 의자 |
| ☐ papilla | Prepara la papilla que es la hora de comer.<br>이유식 준비해, 밥 먹을 시간이야.<br>참고 estar hecho papilla 피곤하다, 부서지다<br>관용어 echar la primera papilla<br>토하다(vomitar) | (어린이와 환자용의) 묽은 죽, 가벼운 식사, 이유식 |
| ☐ muñeca | No le compres más muñecas, ya tiene muchas.<br>인형 더 사주지 마, 이미 많이 가지고 있어.<br>참고 pelele 헝겊 인형<br>osito de peluche 곰 인형 | 인형 |
| ☐ cochecito de bebé | Ya eres muy grande para ir en el cochecito.<br>유모차 타기에는 너는 이제 큰 아이구나. | 유모차 |
| ☐ juguete | Me gustan los juguetes didácticos.<br>나는 교육용 장난감이 좋아.<br>참고 cochecito 장난감 자동차, 유모차 | 장난감 |

| canguro | ¿Quieres ir al teatro? Entonces tenemos que llamar a la canguro.<br>연극 보러 가고 싶어? 그러면 우리는 보모를 불러야 돼.<br>동의어 niñera | 보모 |

| niño/a | Este niño va a ser muy alto porque sus padres lo son.<br>부모님이 키가 크니까 이 아이(남자)는 키가 클거야. | 아이 |

| leche en polvo | No me gusta darle leche en polvo a mi hijo.<br>나는 내 아들한테 분유 주는 거 싫어해. | 분유 |

| llanto | Rompió en llanto y no hubo forma de pararlo.<br>갑자기 울음을 터뜨렸는데 멈추게 할 방법이 없었다.<br>참고 romper en llanto 갑자기 울음을 터뜨리다 | 오열,<br>울부 짖음 |

| apego | Ella tiene mucho apego a su osito de peluche.<br>그녀는 자신의 곰 인형에 애정이 많다.<br>동의어 cariño, afecto, simpatía | 애정, 애착,<br>집착 |

| lactancia | Es mucho mejor la lactancia materna que el biberón.<br>(젖병에 담긴)우유보다는 모유 수유가 훨씬 좋다.<br>참고 permiso de lactancia 수유기 출산 휴가<br>baja maternal 출산 휴가 | 수유,<br>수유기 |

**형용사/동사**

| | | |
|---|---|---|
| ☐ balbucear | Ana me dijo que su niña balbuceaba y estaba entusiasmada.<br>아나는 그녀의 딸이 옹알이를 한다면서 흥분해 있었다. | 옹알이하다 |
| ☐ gatear | ¡Por fin, mi hijo ya gatea!<br>드디어 내 아들이 이제 기어! | (고양이처<br>럼) 기다 |
| ☐ atetar | Quiero atetar a mi hijo el máximo tiempo posible.<br>나는 가능한 한 오래 내 아이에게 젖을 먹이고 싶다.<br>동의어 amamantar, dar de mamar, dar el pecho | 젖을 먹이다 |
| ☐ chupar | Hay que vigilar muy bien a los niños, lo chupan todo.<br>아이들은 잘 살펴봐야 한다, 모든 것을 다 빨아먹는다.<br>참고 mamar 젖을 빨다 | 빨다 |
| ☐ regañar | Mi mamá siempre me regañaba por no comer verduras.<br>우리 엄마는 야채를 안 먹는다고 항상 나를 나무라곤 하셨다.<br>동의어 abroncar, echar la bronca | 꾸짖다,<br>나무라다 |
| ☐ dar de comer | Los niños tienen hambre, tenemos que darles de comer.<br>아이들이 배가 고파요, 우리들은 아이들에게 먹을 것을 줘야 해요. | 먹을 것을<br>주다 |
| ☐ extrañar | El niño no llora porque no extraña a nadie.<br>아이가 낯을 안 가려서 안 우네요. | 낯을가리다 |

Ⅰ  〈보기〉를 참고하여 단어를 올바르게 배열하세요.

① LUMIOPCO _____

② AVLIAS _____

③ CHUEPTE _____

④ EBÉB _____

⑤ RAGATE _____

> COLUMPIO    CHUPETE    GATEAR
> SALIVA    BEBÉ

Ⅱ  빈칸에 알맞은 말을 쓰세요.

① El bebé huele mal, hay que _____ _____ _____ .
아기한테 안 좋은 냄새가 나요, 기저귀를 갈아 줘야겠어.

② Mi mamá siempre me _____ por no comer verduras.
우리 엄마는 야채를 안 먹는다고 항상 나를 나무라곤 하셨다.

③ Ya eres muy grande para _____ _____ _____ _____ .
유모차 타기에는 너는 이제 큰 아이구나.

Ⅲ 어순을 바로 잡아 문장을 만들어 보세요.

① gustan / didácticos / Me / los juguetes

→

② abrazando / duerme / a su osito de peluche / Siempre

→

③ que / le / compraste / Es / muy gracioso / el babero / a tu hijo

→


Ⅳ 다음 문장을 읽고 아래 세 영역으로 분류해 보세요.

① Este niño va a ser muy alto porque sus padres lo son.

② Ese niño ya es muy mayor para usar chupete.

③ Huele un poco mal, hay que cambiarle el pañal.

| Sustantivos (명사) | Adjetivos (형용사) | Verbos (동사) |
|---|---|---|
| niño | alto | ser |

---

정답

Ⅰ  ① columpio  ② saliva  ③ chupete  ④ bebé  ⑤ gatear
Ⅱ  ① cambiarle el pañal  ② regañaba  ③ ir en el cochecito
Ⅲ  ① Me gustan los juguetes didácticos
 ② Siempre duerme abrazando a su osito de peluche.
 ③ Es muy gracioso el babero que le compraste a tu hijo.

Ⅳ

| Sustantivos (명사) | Adjetivos (형용사) | Verbos (동사) |
|---|---|---|
| niño | alto | ser |
| padres | mayor | va (ir) |
| chupete | | usar |
| pañal | | huele (oler) |
| | | hay (haber) |
| | | cambiar |

쉬어 가기

⊙ 다음 단어를 찾아 보세요.

```
A K G O G E P A
E R P A Ñ A L F
T A T O C U N A
E E B S T A Q N
U T E P A R D I
G A B C Z S T Ñ
U G E K S I G O
J L L A N T O V
```

| BEBE | CUNA | LLANTO | NIÑO |

| JUGUETE | APEGO | GATEAR | PAÑAL |

명사

**escuela**

Es obligatorio que los niños vayan a la escuela.

아이들이 학교에 가는 것은 의무이다.

참고 jardín de infancia 보육원, 유치원
escuela primaria 초등학교
escuela secundaria 중학교
bachillerato 고등학교
escuela privada 사립학교
escuela pública 공립학교
internado 기숙학교

학교

---

**profesor/a**

El profesor es muy amable con los alumnos y lo quieren mucho.

선생님은 학생들에게 아주 친절하고 학생들은 선생님을 좋아한다.

동의어 maestro

교사

---

**estudiante**

Aquel estudiante destaca porque estudia mucho.

저 학생은 공부를 열심히 해서 눈에 띈다.

동의어 alumno

학생

---

**clase**

Hoy es un día difícil, las clases son muy duras.

오늘은 힘든 날이다. 수업이 아주 어렵다.

동의어 aula 강의실

참고 clase extracurricular, clase extraescolar 과외수업

교실, 수업

---

**pupitre**

Sentaos bien en el pupitre porque os puede doler la espalda.

허리가 아플 수도 있으니까 너희들은 책상에 똑바로 앉아라.

책상

| □ silla | La silla de madera está en la otra clase. | 의자 |
|---|---|---|
| | 나무로 된 의자는 다른 교실에 있다. | |

| □ pizarra | La pizarra está un poco sucia, hay que limpiarla. | 칠판 |
|---|---|---|
| | 칠판이 조금 더럽네요, 칠판을 깨끗하게 닦아야겠어요. | |

| □ tiza | Usamos tizas de varios colores. | 분필 |
|---|---|---|
| | 우리들은 여러 가지 색의 분필을 사용한다. | |

| □ borrador | El borrador es muy viejo y no borra casi nada. | 칠판지우개 |
|---|---|---|
| | 칠판지우개가 너무 낡아서 잘 안 지워지네요. | |
| | 참고 goma de borrar 고무 지우개 | |

| □ mochila | La mochila del niño pesa mucho. | 책가방 |
|---|---|---|
| | 아이 책가방이 너무 무거워요. | |

| □ libro | Los niños leyeron el libro y dicen que era interesante. | 책 |
|---|---|---|
| | 아이들이 책을 읽었는데 재미있었다고 말하네요. | |

| □ cuaderno | El cuaderno está lleno, hay que comprar uno nuevo. | 공책 |
|---|---|---|
| | 공책을 다 썼네요, 새것을 하나 사야겠어요. | |

| □ estuche | ¿Llevas portaminas en el estuche? | 필통 |
|---|---|---|
| | 너는 필통에 샤프가 있니? | |

| □ lápiz | Me gusta pintar con lápices de colores. | 연필 |
|---|---|---|
| | 나는 색연필로 그림 그리는 것을 좋아한다. | |
| | 동의어 lapicero | |

☐ bolígrafo

Se compró un bolígrafo con varios colores.
다양한 색깔이 있는 볼펜을 샀다.
참고 pluma 펜

볼펜

---

☐ portaminas

Me gusta más el portaminas que el lapicero, porque no hay que afilarlo.
나는 연필보다 샤프가 좋아, 왜냐하면 연필 끝을 뾰족하게 할 필요가 없거든.
참고 minas 샤프심

샤프

---

☐ mapa

El mapa es muy útil para la clase de geografía.
지도는 지리 시간에 아주 유용하다.

지도

---

☐ regla

Esa regla es demasiado corta para usarla en un folio.
그 자는 A4 용지에 사용하기에 너무 짧다.

자

---

☐ tijera

Hay que comprar una tijera con las puntas redondeadas, porque la necesito para la clase de arte.
미술 시간에 필요해서 끝이 둥근 가위를 사야 돼요.

가위

---

☐ estudio

Para sacar buenas notas, hace falta dedicarle tiempo al estudio.
좋은 성적을 받으려면, 공부에 시간을 투자하는 것이 필요해.

공부

---

☐ asignatura

La asignatura que más me gusta es español.
내가 제일 좋아하는 과목은 스페인어야.
참고 asignatura obligatoria 필수 과목
asignatura optativa 선택 과목

과목

---

☐ examen

El examen ha sido bastante fácil.

시험이 상당히 쉬웠어요.

동의어 prueba

참고 prueba piloto 예비 시험
examen escrito 필기시험
examen oral 회화시험
examen parcial 중간고사
examen final 기말고사

시험

---

☐ calificación

Creo que el sistema de calificación no ha sido muy bueno.

저는 성적 체계가 아주 안 좋았다고 생각해요.

동의어 nota

참고 sobresaliente 최우수
notable 우수
aprobado 합격
suspendido, suspenso 낙제

성적

---

☐ empollón/a

En mi clase hay una empollona que nos ayuda mucho.

우리 반에 공부벌레인 여자 아이가 있는데 우리를 많이 도와준다.

동의어 estudioso/a

공부벌레

## 관련 어휘

☐ beca 장학금
> 참고 becario 장학생

☐ horario 시간표
> 참고 horario laboral 근무 시간

☐ actividad 활동
actividades extracurriculares 과외 활동
actividad escolar 학교 활동

☐ rotulador 형광펜
> 동의어 resaltador

☐ cinta 테이프
> 참고 cinta adhesiva 접착 테이프

☐ pegamento 풀

☐ grapadora 스테이플러

☐ pincel 붓

☐ premio 상
> 참고 premiar/dar un premio 상을 주다

☐ uniforme 유니폼
> 참고 uniforme escolar 교복

☐ idioma 언어
> 참고 lenguas extranjeras 외국어
> español 스페인어
> coreano 한국어
> inglés 영어
> japonés 일본어
> chino 중국어

☐ carpeta 파일, 바인더

☐ condiscípulo 동문, 동창생

☐ educación 교육

☐ vuelta a la escuela 개학

☐ vacaciones escolares 방학

☐ carné de estudiante 학생증

☐ chuleta 컨닝페이퍼

☐ estudiar

En el pupitre hay libros y los alumnos estudian con sus libros.

책상에는 책이 있으며 학생들은 각자의 책을 가지고 공부를 한다.

공부하다

☐ aprender

Aprendemos español desde abril.

우리들은 4월부터 스페인어를 배우고 있다.

배우다

☐ sacar buenas notas

Si no estudias, no puedes sacar buenas notas.

공부를 안 하면, 너는 좋은 성적을 못 받을 거야.

참고 sacar malas notas 나쁜 성적을 받다

좋은 성적을 받다

☐ enseñar

Hace 5 años que estoy enseñando Derecho en este colegio.

저는 5년 전부터 이 학교에서 법학을 가르치고 있습니다.

가르치다

☐ memorizar

Para ser bueno en matemáticas, no debemos memorizar sino pensar de forma lógica.

수학을 잘하려면, 암기하지 말고 논리적 방식으로 생각 해야만 한다.

동의어 aprender de memoria

암기하다

☐ hacer la tarea

Siempre hago la tarea antes de acostarme.

나는 항상 잠자리에 들기 전에 숙제를 한다.

동의어 hacer los deberes

숙제하다

☐ asistir

Asisto a clase de español dos veces a la semana.

나는 일주일에 두 번 스페인어 수업에 간다.

참고 faltar a clase, saltarse la clase, hacer pellas o novillos 결석하다

출석하다

☐ preguntar

Le preguntè a Juan dónde estaba su casa.

나는 후안에게 그의 집이 어디에 있는지 물어봤다.

`참고` contestar, responder 대답하다

질문하다

---

☐ entender

Entendimos bien la explicación del profesor González.

우리들은 곤살레스 선생님이 하시는 설명을 잘 이해했다.

`동의어` comprender

이해하다

---

☐ participar

Para participar en la reunión de mañana, tenemos que tomar el avión de las 9.

내일 회의에 참석하려면, 우리는 9시 비행기를 타야만 한다.

참석하다

---

☐ entrar en una escuela

Todos mis amigos querían entrar en una escuela con buena fama.

내 친구들은 모두 다 이름(명성) 있는 학교에 입학하고 싶어 했다.

입학하다

---

☐ graduarse

Después de graduarse de la universidad, Miguel se hizo médico.

대학을 졸업하고 미겔은 의사가 되었다.

졸업하다

---

☐ charlar

Antes de la clase, me gusta charlar con mis amigos tomando un cafetito.

나는 수업을 하기 전에 친구들과 커피를 한 잔 마시면서 얘기하는 것을 좋아한다.

담소를 나누다

---

☐ levantar la mano

Si tienen alguna pregunta, levanten la mano, por favor.

질문 있으면, 손을 들어 주세요.

`참고` bajar la mano 손을 내리다

손을 들다

---

| □ abrir el libro | ¡Abran el libro, por favor! <br> 책을 펴세요! <br> 참고 cerrar el libro 책을 덮다 | 책을 펴다 |
|---|---|---|
| □ explicar | Explíqueme cómo se hace esto. <br> 이거 어떻게 하는 것인지 설명해 주세요. | 설명하다 |
| □ tener un examen | Tengo un examen parcial la semana que viene. <br> 나는 다음 주에 중간고사가 있다. | 시험이있다 |
| □ hacer el examen | Vamos a hacer un examen el martes. <br> 우리들은 화요일에 시험을 볼 것이다. | 시험 보다 |
| □ aprobar | Este certificado es importante para conseguir trabajo, así que tengo que aprobarlo. <br> 이 자격증은 직장을 구하는 데 중요하다. 그래서 나는 꼭 합격해야만 한다. <br> 참고 suspender 시험에 떨어지다 | 시험에 합격하다 |
| □ apuntar | Para apuntar todo lo que explica el profesor, necesito un lápiz con goma de borrar. <br> 선생님이 설명하시는 모든 것을 필기하기 위해서 나는 연필과 지우개가 필요하다. <br> 동의어 tomar apuntes | 필기하다, 기록하다 |
| □ castigar | El profesor me castigó por decir mentiras. <br> 선생님은 거짓말했다고 나를 혼내셨다. | 벌주다, 혼내다 |

☐ portarse bien

Ante el profesor de química hay que portarse bien.

화학 선생님 앞에서는 행동을 잘해야 돼.

동의어 comportarse bien

행동을 잘하다

---

☐ escuchar la clase

Deja de hablar y escucha la clase.

그만 얘기하고 수업 좀 들어.

수업을 듣다

---

☐ hacer la pelota

A Mario le gusta hacerle la pelota al profesor.

마리오는 선생님한테 아부하는 것을 좋아한다.

동의어 dorar la píldora

아첨하다, 아부하다

I  〈보기〉를 참고하여 단어를 올바르게 배열하세요.

① LETACHU _____

② OMAIDI _____

③ MIPREO _____

④ RARIOOH _____

⑤ NICTA _____

보기

PREMIO     CHULETA     IDIOMA

CINTA     HORARIO

II  빈칸에 알맞은 말을 넣으세요.

① ¡_____ _____ _____, por favor! 책을 펴세요!

② _____ _____ clase de español dos veces a la semana.

나는 일주일에 두 번 스페인어 수업을 하러 간다.

③ Si no estudias, no puedes _____ _____ _____.

공부 안 하면, 너는 좋은 성적을 못 받을 거야.

Ⅲ 다음 그림에 해당하는 단어를 써 넣으세요.

① ____

④ ____

⑤ ____

② ____

③ ____

Ⅳ 밑줄 친 단어를 다른 말로 바꿔 쓰세요.

① Siempre *hago la tarea* antes de acostarme.

(　　　　　　)

② Para *apuntar* todo lo que explica el profesor, necesito un lápiz con goma de borrar.

(　　　)

③ *Entendimos* bien la explicación del profesor González.

(　　　　　)

---

쉬어 가기

⊙ 다음 단어를 찾아 보세요.

```
B  Q  A  C  A  Z  I  T
C  A  R  P  E  T  A  Y
L  U  R  S  I  L  L  A
A  X  A  L  I  B  R  O
S  A  Z  Y  A  E  S  T
E  C  I  M  O  C  G  H
X  E  P  H  A  A  T  O
M  O  C  H  I  L  A  C
```

CARPETA   SILLA   BECA   PIZARRA

LIBRO   MOCHILA   TIZA   CLASE

## 명사

☐ **actividades escolares**

Este colegio es famoso porque tiene buenas actividades escolares.

이 학교는 좋은 교내 활동이 많은 것으로 유명하다.

교내 활동

---

☐ **actividades deportivas**

A mi hijo le gusta estudiar, pero no le gustan las actividades deportivas.

내 아들은 공부하는 것은 좋아하는데 체육 활동 하는 것은 싫어한다.

체육 활동

---

☐ **deporte**

¿Qué beneficios produce el deporte?

운동이 주는 좋은 점은 무엇입니까?

스포츠, 운동

참고 tenis 테니스
fútbol 축구
béisbol 야구
voleibol 배구
baloncesto 농구
natación 수영
ping pong, tenis de mesa 탁구
patinaje 스케이트
ciclismo 사이클링
equitación 승마
gimnasia 체조

---

☐ **árbitro**

No es nada fácil ser un buen árbitro.

훌륭한 심판이 되기는 참 어렵다.

참고 arbitrar 심판하다, 중재하다

심판

---

☐ **campeón**

¡Hola, campeón! ¿Qué tal estás?

헤이, 챔피언! 어떻게 지내?

챔피언

| música | La música debería ser obligatoria en todas las escuelas. | 음악 |
|---|---|---|

음악은 모든 학교에서 필수여야 한다.

참고 música clásica 클래식 음악
música popular 대중 음악

---

| actividades musicales | Tenemos que ensayar las actividades musicales para este sábado. | 음악 활동 |
|---|---|---|

이번 주 토요일까지 우리는 음악 활동하고 있는 것을 연습해야 한다.

---

| instrumento musical | Los instrumentos musicales más habituales son la guitarra y el piano. | 악기 |
|---|---|---|

가장 일반적인 악기는 기타와 피아노이다.

---

| instrumento de percusión | Mi instrumento de percusión favorito es la batería. | 타악기 |
|---|---|---|

내가 제일 좋아하는 타악기는 드럼이다.

참고 tambor, batería 드럼
castañuela 캐스터네츠
pandereta 탬버린
címbalo 심벌즈

---

| instrumento de cuerda | El violín y el bajo eléctrico son instrumentos de cuerda y tienen cuatro. | 현악기 |
|---|---|---|

바이올린과 전자 베이스 기타는 현악기이며 네 개의 줄이 있다.

참고 violín 바이올린
violoncelo 첼로
guitarra 기타

| | | |
|---|---|---|
| ☐ instrumento de viento | Me gustan los instrumentos de viento, ¿y a ti?<br>나는 관악기를 좋아해. 너는?<br>**참고** flauta 플루트　　saxófono, saxofón 색소폰<br>　　　 trompeta 트럼펫　trombón 트롬본 | 관악기 |
| ☐ piano | Es difícil aprender a tocar el piano.<br>피아노 치는 것을 배우기는 어렵다. | 피아노 |
| ☐ bajo | En las bandas de funk es muy importante un buen bajista.<br>펑크 밴드에서 베이스 기타리스트는 정말 중요해. | 베이스,<br>베이스기타 |
| ☐ banda | Mi banda de música favorita son los Beatles.<br>내가 좋아하는 밴드는 비틀스야. | 밴드 |
| ☐ Bellas Artes | A mí me interesa mucho la historia de las Bellas Artes.<br>나는 미술사에 관심이 많다. | 미술 |
| ☐ pintura | El Museo del Prado es uno de los museos de pintura más importantes.<br>쁘라도 박물관은 아주 중요한 미술품을 소장하고 있는 박물관 중 하나이다. | 그림 |
| ☐ escultura | Hay muchas esculturas maravillosas en las calles de Madrid.<br>마드리드 거리에는 훌륭한 조각품들이 많이 있다.<br>**참고** escultor/a 조각가 | 조각<br> |

| □ estatua | Tenía mucho miedo y se quedó quieto como una estatua.<br>너무 무서워서 동상처럼 꼼짝 않고 있었다. | 동상 |

| □ danza | Una amiga de mi mujer está aprendiendo la danza del vientre.<br>내 부인의 친구 한 명이 배꼽춤을 배우고 있다.<br>`동의어` baile<br>`참고` ballet 발레 | 무용, 춤 |

| □ instalación | Nos gustó aquel colegio porque tenía muy buenas instalaciones.<br>학교 시설이 너무 좋아서 우리는 그 학교를 좋아했다.<br>`동의어` establecimiento de la escuela | 시설, 설비 |

| □ despacho de profesores | El despacho de profesores está abajo, al lado de la entrada.<br>교무실은 아래층, 입구 옆에 있다.<br>`참고` despacho de director 교장실 | 교무실 |

| □ gimnasio | Los chicos están en el gimnasio, están en clase de educación física.<br>아이들은 체육 시간이라 체육관에 있다. | 체육관 |

| □ biblioteca | La biblioteca de mi escuela es grande y moderna, tiene cien mil libros.<br>우리 학교 도서관은 크고 현대식이며 십만 권의 책을 소장하고 있다. | 도서관 |

| | | |
|---|---|---|
| ☐ laboratorio | El laboratorio está recién hecho y tiene mucho equipamiento.<br>실험실은 최근에 지어졌으며 많은 장비를 갖추고 있다. | 실험실 |
| ☐ enfermería | Luis se torció un tobillo y ha ido a la enfermería.<br>루이스는 발목을 삐어서 보건실에 갔다. | 보건실 |
| ☐ sala de música | Si queremos instalar una sala de música, debemos insonorizarla.<br>음악실을 만들고 싶으면 우리는 음악실에 방음 설치를 해야만 해. | 음악실 |
| ☐ colegio mayor | El colegio mayor de la universidad es mixto, pueden vivir chicos y chicas.<br>대학 기숙사는 혼용으로 남학생과 여학생이 함께 지낼 수 있다.<br>동의어 residencia estudiantil | 기숙사 |
| ☐ comedor estudiantil | Sirven buena comida en el comedor estudiantil.<br>학생 식당에서 맛있는 음식을 제공한다. | 학생 식당 |
| ☐ sala multimedia | Mi colegio tiene una sala multimedia con ordenadores último modelo.<br>우리 학교는 최신형의 컴퓨터를 갖춘 멀티미디어실이 있다. | 멀티미디어실 |
| ☐ sala de audiovisuales | Hoy vamos a ver un documental sobre naturaleza en la sala de audiovisuales.<br>오늘 우리는 시청각실에서 자연에 대한 기록 영화를 볼 겁니다. | 시청각실 |

☐ jugar

A los chicos les gusta jugar a las cartas.

아이들은 카드놀이 하는 것을 좋아한다.

참고 jugar al fútbol 축구를 하다

jugar al baloncesto 농구를 하다

놀다,
게임 하다

---

☐ hacer ejercicio

Tienes que hacer algún ejercicio para mantener bien la salud.

너는 건강을 유지하기 위해 어떤 운동이든지 해야 해.

운동하다

---

☐ nadar

Nadar es un ejercicio completo.

수영은 전신 운동이다.

수영하다

---

☐ saltar

Salté una valla porque me perseguía un perro.

강아지가 쫓아와서 나는 담장을 뛰어넘었다.

뛰어오르다,
뛰어넘다

---

☐ bucear

Mis amigos y yo solíamos ir a bucear todos los veranos.

내 친구들과 나는 매년 여름마다 스쿠버 다이빙을 하러 가곤 했다.

스쿠버 다이빙을 하다

---

☐ montar a caballo

Me gusta montar a caballo porque es muy relajante.

나는 말 타는 것을 좋아하는데 왜냐하면 마음을 편안하게 해 주기 때문이다.

말을 타다

---

☐ empatar

Dos equipos empataron en el partido de clasificación.

두 팀이 예선 경기에서 동점이 되었다.

동점이되다

---

| | | |
|---|---|---|
| ☐ escalar | Escalamos la montaña hasta la cima.<br>우리는 정상까지 산에 올랐다. | 올라가다,<br>등반하다 |
| ☐ esquiar | Cada invierno nos vamos a esquiar a una montaña porque es nuestro deporte favorito.<br>우리는 겨울마다 산으로 스키를 타러 가는데 왜냐하면 우리가 좋아하는 스포츠이기 때문이다. | 스키를 타다 |
| ☐ ganar el partido | Estoy muy feliz porque mi equipo ganó el partido.<br>우리 팀이 경기에 이겨서 나는 너무 행복하다.<br>동의어 vencer<br>참고 perder el partido 경기에 지다 | 경기에<br>이기다 |
| ☐ lanzar | Lanzamos lejos una pelota para que la coja el perro.<br>강아지가 잡도록 우리는 공을 멀리 던졌다. | 던지다,<br>상품을<br>출시하다 |
| ☐ patinar | ¡Cuidado! Debes patinar con cuidado.<br>조심해! 조심해서 스케이트를 타야 해. | 스케이트를<br>타다 |
| ☐ tocar | ¿Sabes tocar la guitarra clásica?<br>너 클래식 기타 칠 줄 알아? | 연주하다 |
| ☐ pintar | Muchos artistas pintaban con óleo en aquella época.<br>그 시대에는 많은 화가들이 유화로 그림을 그렸다.<br>동의어 dibujar | 칠하다 |

| | | |
|---|---|---|
| ☐ bailar | Los bailaores de flamenco bailan con mucha pasión.<br>플라멩코 무용수들은 열정적으로 춤을 춘다. | 춤추다 |
| ☐ cantar | A mí me gusta oír a Ana cantar.<br>나는 아나가 노래 부르는 것을 듣기 좋아한다. | 노래 부르다 |
| ☐ apasionarse con/por | Muchos extranjeros se apasionan por la música coreana conocida como K-pop.<br>많은 외국인이 K-pop으로 알려져 있는 한국 음악에 열광한다.<br>동의어 entusiasmarse | ~에 열광하다 |
| ☐ ver | Veo la televisión una hora al día.<br>나는 하루에 한 시간씩 TV를 본다.<br>동의어 mirar 바라보다 | 보다 |
| ☐ escuchar | Me gusta escuchar la radio del canal 5 por la noche antes de dormir.<br>나는 자기 전에 라디오 5번 채널을 듣는 것을 좋아한다.<br>동의어 oír 듣다, 들리다 | 듣다 |
| ☐ esculpir | Esculpía el mármol tan bien que parecía que sus esculturas estaban vivas.<br>그는 대리석 조각을 너무 잘해서 그의 조각품들은 살아 있는 것 같았다. | 조각하다 |
| ☐ experimentar | Los científicos experimentan con ratas para la nueva vacuna.<br>과학자들은 새로운 백신을 개발하기 위해 쥐로 실험을 한다.<br>동의어 hacer experimentos, probar | 실험하다 |

I  〈보기〉를 참고하여 단어를 올바르게 배열하세요.

① CLIMOCIS _____

② ANDAB _____

③ AIPNO _____

④ SINAMIGO _____

⑤ ETROPDE _____

> **보기**
>
> DEPORTE     CICLISMO     BANDA
> PIANO       GIMNASIO

II  빈칸에 알맞은 말을 쓰세요.

① Este colegio es famoso porque tiene buenas _____ _____.

  이 학교는 좋은 교내 활동이 많은 것으로 유명하다.

② Nos gustó aquel colegio porque tenía muy _____ _____.

  학교 시설이 너무 좋아서 우리는 그 학교를 좋아했다.

③ _____ la televisión una hora al día. 나는 하루에 한 시간씩 TV를 본다.

Ⅲ 아래의 그림을 보고 알맞은 영역에 알맞은 단어를 써 넣으세요.

| béisbol | baloncesto | natación | tambor |
|---------|------------|----------|--------|

| piano | fútbol | guitarra | violín |
|-------|--------|----------|--------|

| deporte | Instrumento musical |
|---------|---------------------|
|         |                     |

Ⅳ 다음 동사의 명사형을 쓰세요.

① bailar –

② nadar –

③ bucear –

④ pintar –

⑤ cantar –

Ⅰ ① ciclismo ② banda ③ piano ④ gimnasio ⑤ deporte

Ⅱ ① actividades escolares ② buenas instalaciones ③ Veo

Ⅲ

| deporte | Instrumento musical |
|---------|---------------------|
| béisbol | guitarra |
| natación | batería |
| fútbol | violín |
| baloncesto | piano |

Ⅳ ① el baile ② la natación ③ el buceo ④ la pintura ⑤ la canción

⊙ 다음 단어를 찾아 보세요.

| | | | | | | | |
|---|---|---|---|---|---|---|---|
| O | T | A | M | B | O | R | D |
| S | E | A | T | U | A | L | F |
| C | A | M | P | E | O | N | R |
| A | C | I | S | U | M | T | T |
| F | U | T | B | O | L | E | K |
| O | J | A | B | S | N | O | M |
| V | X | Y | P | I | A | N | O |
| M | D | R | S | O | S | I | S |

TENIS   FUTBOL   MUSICA   CAMPEON

TAMBOR   BAJO   FLAUTA   PIANO

※ [쉬어가기] 단어에는 강세가 생략되어 있습니다.

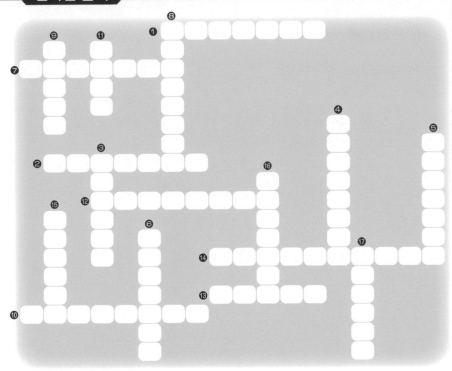

# 십자말 풀이

1. Objeto que sirve para que los bebés lo chupen.
2. Recipiente para dar de comer a los bebés.
3. Pieza textil o de plástico usada para que los bebés no se manchen al comer.
4. Artefacto que consiste en un asiento colgado de dos cuerdas que se usa para sentarse y balancearse.
5. Silla para bebés.
6. Objeto que sirve para que los niños jueguen.
7. Superficie de escritura en el que utiliza la tiza.
8. Libro pequeño con hojas en blanco que se usa para escribir.
9. Obra editada en hojas de papel con algún tipo de tapa.
10. Utensilio que sirve para escribir y que se puede borrar con una goma.
11. Superficie en la que se expresa una porción de territorio.
12. Objeto que sirve para borrar.
13. Instrumento musical que tiene 88 teclas.
14. Es un lugar donde se puede consultar o leer libros.
15. Melodía, ritmo y armonía combinados.
16. Deporte que consiste en desplazarse por el agua sin tocar el suelo.
17. Instrumento de percusión formado por una caja y una membrana a la que se golpea.

# Universidad

대학

### 명사

☐ Biología
La Biología es una ciencia natural que estudia los seres vivos.
생물학은 생명체를 연구하는 자연 과학이다.
생물학

☐ Matemáticas
Mi asignatura favorita son las Matemáticas.
내가 좋아하는 과목은 수학이다.
수학

☐ Química
Mi peor asignatura es la Química.
내가 제일 싫어하는 과목은 화학이다.
화학

☐ Medicina
El médico especializado en medicina física y rehabilitación recibe el nombre de fisiatra.
물리학과 재활을 공부한 전문의를 물리 요법사라고 한다.
의학

☐ Psicología
Hace tres años que Ana terminó la licenciatura en Psicología.
3년 전 아나는 심리학 학위(석사) 과정을 마쳤다.
심리학

☐ Administración de Empresas
Toda empresa debe contar con una administración moderna.
모든 기업은 현대적 경영을 운용해야 한다.
경영(학)

☐ Ciencias Políticas
Las Ciencias Políticas son un compendio de distintos saberes.
정치학은 다양한 지식의 집합체이다.
정치학

| **Economía** | Corea del Sur es la decimotercera economía mundial y la cuarta asiática, tras Japón, China y la India. | 경제 |

한국은 세계 13위의 경제권이며, 아시아에서는 일본, 중국, 그리고 인도에 이어 4위이다.

| **Cine** | La primera compañía cinematográfica española se fundó en 1928 en Madrid. | 영화 |

스페인의 첫 번째 영화사는 1928년 마드리드에서 설립되었다.

| **Filología** | El profesor de Filología tiene un carácter algo especial. | 언어학 |

언어학 교수님은 참 특이한 성격을 갖고 있다.

| **Diseño** | El resultado de desfile de modas fue una perfecta fusión de diseño y tecnología. | 디자인 |

패션쇼의 결과는 디자인과 기술의 완벽한 융합이었다.

| **Pedagogía** | En España, la pedagogía se ha desarrollado a lo largo de todo el siglo XX. | 교육학 |

스페인에서 교육학은 20세기에 걸쳐 발전되어 왔다.

| **Arquitectura** | La Arquitectura es el arte y la técnica de proyectar, diseñar, construir y modificar el hábitat humano. | 건축학 |

건축학은 인간의 주거 환경을 계획하고, 디자인하고, 건설하고, 변화를 주는 예술이자 기술이다.

| **Ingeniería** | ¿Qué se estudia en la carrera de Ingeniería Genética? | 공학 |

유전자 공학 과정에서는 무엇을 공부하게 되나요?

□ Tecnología

La tecnología desempeña un papel importante en la competitividad de la empresa.

기술은 기업의 경쟁력에 중요한 역할을 수용한다.

기술

---

□ Arqueología

Las reliquias se exhiben en el Museo Nacional de Arqueología.

고대 유물들은 국립 고고학 박물관에 전시되어 있다.

고고학

---

□ Historia

La Historia de España es una de las historias más apasionantes que se pueden encontrar.

스페인 역사는 접할 수 있는 흥미로운 역사 중 하나이다.

역사

---

□ Ciencias Sociales

¿Qué son las Ciencias Sociales?

사회 과학이란 무엇인가?

사회과학

---

□ Estudios de Asia Oriental

Los Estudios de Asia Oriental organizan una mesa redonda con el título "L"

동아시아연구회는 "L"을 주제로 한 라운드 테이블을 준비한다.

동양학

## 관련 어휘

☐ Magisterio 교직학

☐ Estudios Latinoamericanos
라틴아메리카학

☐ Comunicación Audiovisual
시청각 커뮤니케이션

☐ Criminología 범죄학

☐ Gastronomía 요리학

☐ Periodismo 신문학

☐ Biotecnología 생명 공학 기술

☐ Enología 양조학

☐ Ciencias Biomédicas 생명의학

☐ Nutrición Humana y Dietética
식품 영양 및 다이어트

☐ Óptica 광학

☐ Fotografía y Creación Digital
사진 디지털 창조학

☐ Artes Escénicas 무대 예술

☐ Ciencias Ambientales 환경 과학

☐ Geología 지리학

☐ Genética 유전학

☐ Ciencias del Deporte 스포츠 과학

☐ Enfermería 질병학

☐ Antropología Social y Cultural
사회 문화 인류학

☐ Ciencias Económicas 경제학

| ☐ humano | El ser humano no vive sólo de pan.<br>인간은 빵만으로 살 수 없다. | 사람의,<br>인간의 |
|---|---|---|
| ☐ natural | Prefiero los lagos naturales a los lagos artificiales.<br>나는 인공 호수보다 자연 호수가 더 좋다. | 자연의 |
| ☐ auspiciado | Un concierto ofrecido este miércoles, marcó el debut de un coro integrado por jóvenes, que es auspiciado por el Ministerio de Cultura.<br>이번 수요일에 열린 콘서트는 문화부가 후원한 청소년들로 구성된 합창단 데뷔 무대였다. | 후원의 |
| ☐ perfecto | La alegría de ver y entender es el más perfecto don de la naturaleza.(Albert Einstein)<br>보고 깨우치는 즐거움은 자연이 주는 가장 완전한 선물이다(알베르트 아인슈타인). | 완벽한 |
| ☐ cualificado | Un profesor cualificado imparte clases de guitarra española.<br>숙련된 선생님이 스페인 기타 수업을 하십니다. | 숙련된,<br>질이 좋은 |
| ☐ distinto | El vino y la cerveza son bebidas distintas.<br>포도주와 맥주는 다른 주류이다. | 다른 |
| ☐ optativo | La asignatura de Música es optativa.<br>음악 과목은 선택이다. | 선택의 |

☐ aeroespacial

La industria aeroespacial es una industria floreciente.

항공 우주 산업은 번창하는 사업이다.

항공 우주의

---

☐ iberoamericano

Para viajar a los países iberoamericanos no necesitamos visado.

이베리아 아메리카 국가를 여행하기 위해서는 비자가 필요 없다.

이베리아 아메리카의

---

☐ tratar

Esta canción trata de molinos de viento en un sentido metafórico.

이 노래는 은유적 감정으로 풍차를 노래하고 있다.

취급하다, 다루다

---

☐ impulsar

El Gobierno va a impulsar la lucha contra el terrorismo.

정부는 테러리즘 퇴치를 강행할 예정이다.

추진하다

---

☐ fundar

El primer reino, Gojoseon, fue fundado en el año 2333 A.C.

첫 번째 왕국인 고조선은 기원전 2333년에 건국되었다.

창설하다, 설립하다

---

☐ olímpico

Organizaron el equipo de trabajo que realizará el proyecto olímpico.

그들은 올림픽의 프로젝트를 실현할 실무팀을 조직하였다.

올림픽의

---

☐ interactuar

Para mejorar la educación, los maestros deben interactuar con los alumnos.

교사들은 교육을 개선하기 위해 학생들과 소통해야 한다.

소통하다

---

☐ estructurar

Han estructurado un plan para prevenir la violencia social.

그들은 사회 폭력을 예방하기 위한 계획을 수립하였다.

조직화하다, 구조화하다

---

| □ desarrollar | Hay muchas actividades para desarrollar la inteligencia de los estudiantes.<br>학생들의 지적 능력을 향상시키기 위한 활동들이 많다. | 발전시키다,<br>발달시키다 |
|---|---|---|
| □ modificar | Las costumbres del país se han modificado con el paso del tiempo.<br>나라의 관습은 시간이 흐름에 따라 변해 왔다. | 수정하다,<br>변경하다 |
| □ gestionar | Es un poco complicado gestionar una planta en el extranjero.<br>외국에서 공장을 운영하는 것은 조금 복잡합니다. | 수행하다,<br>관리하다 |
| □ generar | La apertura de la fábrica va a generar unos trescientos nuevos empleos.<br>공장이 가동되면 약 300명에 달하는 신규 고용을 창출할 것이다. | 일으키다 |

Ⅰ  〈보기〉를 참고하여 단어를 올바르게 배열하세요.

① DAPEGOGÍA _____

② ARTUTECQUIRA _____

③ OGELOGÍA _____

④ INENIGERÍA _____

⑤ LOGÍATECNO _____

보기

GEOLOGÍA     ARQUITECTURA     PEDAGOGÍA
INGENIERÍA     TECNOLOGÍA

Ⅱ  빈칸에 알맞은 말을 써 넣으세요.

① La Biología es una _____ _____ que estudia los seres vivos.
생물학은 생명체를 연구하는 자연 과학이다.

② Mi asignatura favorita son las _____. 내가 좋아하는 과목은 수학이다.

③ Hace tres años que Ana terminó la licenciatura en _____.

3년 전 아나는 심리학 학위(석사) 과정을 마쳤다.

Ⅲ 다음 설명이 말하는 학문이 무엇인지 쓰세요.

① Parte de la biología que trata de la herencia y de lo relacionado con ella.

→ _____

② Estudios o carrera de periodista.

→ _____

③ Ciencia que estudia las artes, los monumentos y los objetos de la antigüedad, especialmente a través de sus restos.

→ _____

Ⅳ 빈칸에 공통으로 들어갈 말을 쓰세요.

① Para mejorar la educación, los maestros deben interactuar _____ los alumnos.

② Es un poco complicado gestionar una planta en el extranjero _____ tantos interesados.

③ Los Estudios de Asia Oriental organizan una mesa redonda _____ el título "L"

Ⅰ ① pedagogía  ② arquitectura  ③ geología  ④ ingeniería  ⑤ tecnología
Ⅱ ① ciencia natural  ② Matemáticas  ③ Psicología
Ⅲ ① Genética  ② Periodismo  ③ Arqueología
Ⅳ con

⊙ 다음 단어를 찾아 보세요.

| | | | | | | | |
|---|---|---|---|---|---|---|---|
| H | M | D | I | E | F | O | I |
| I | Q | I | S | F | I | M | I |
| S | O | S | M | A | S | S | R |
| T | P | E | Z | C | I | I | E |
| O | T | Ñ | X | I | C | R | N |
| R | I | O | Y | S | O | U | I |
| I | C | S | P | U | X | T | C |
| A | A | C | I | M | I | U | Q |

| QUIMICA | DISEÑO | FISICO | OPTICA |
|---|---|---|---|

| CINE | MUSICA | HISTORIA | TURISMO |
|---|---|---|---|

## 2 Órganos universitarios 대학기구

명사

☐ campus

Mi hijo solo viene a casa a dormir, siempre está estudiando en el campus.
내 아들은 늘 캠퍼스에서 공부하기 때문에 집에는 단지 잠을 자기 위해 온다.

캠퍼스

☐ rector

El rector de la universidad fue elegido por mayoría absoluta.
대학 총장은 압도적인 다수에 의해 선출되었다.

총장

☐ facultad

La Facultad de Derecho está a dos cuadras siguiendo derecho.
법과 대학은 곧장 2블록 가면 있습니다.

단과 대학

☐ departamento

¿Cuáles son las funciones de un departamento de marketing?
마케팅 학과의 기능은 어떤 것이 있나요?

학과

☐ institutos

Los Institutos Universitarios de Investigación son centros dedicados a la investigación científica y técnica.
대학 연구소는 과학적이고 기술적인 조사를 담당하는 센터이다.

연구소

관련 어휘

☐ gobierno de la universidad
대학 당국

☐ delegación central de estudiantes 학생 중앙위원회

☐ órganos 기구

☐ universidades para mayores
성인 대상 대학 과정

☐ centro de publicaciones 출판 센터

☐ patrocinadores 후원 기관

☐ colaboradores 협력 기관

☐ universitario

Los estudiantes podrán seguir haciendo uso del carnet universitario emitido este curso.

학생들은 이번 학기에 발행된 대학 신분증을 계속해서 사용할 수 있다.

대학생의

☐ siguiente

El día siguiente al lunes es el martes.

월요일 다음 날은 화요일이다.

참고 al día siguiente 다음 날에

다음의, 후의

☐ absoluto

Tengo una confianza absoluta en él.

나는 전적으로 그를 신뢰한다.

절대적인

☐ artístico

Mi padre trabajó como director artístico para esa película.

나의 아버지는 그 영화를 찍을 때 예술 감독으로 일했다.

예술의, 예술적인

☐ competitivo

Pienso que Javier es demasiado competitivo.

나는 하비에르가 지나치게 경쟁적이라고 생각해.

경쟁의, 경쟁력이 있는

☐ creativo

Es importante tener el pensamiento creativo.

창조적인 생각을 하는 것은 중요하다.

창조적인

☐ ejercer

Este sábado tenemos que ejercer nuestro derecho a voto.

이번 주 토요일에 우리는 투표권을 행사해야만 한다.

행하다, 행사하다

□ venir

Vine a Corea para aprender su idioma y su cultura.

나는 언어와 문화를 배우려고 한국에 왔다.

반의어 ir 가다

참고 devenir (~사건이) 일어나다
avenir 화해를 시키다
sobrevenir 불의에 일어나다, 돌발하다
provenir 유래하다, 비롯되다
revenir 오므라들다, 수축하다

오다

□ seguir

Los niños siguen jugando a videojuegos sin estudiar.

아이들은 공부하지 않고 계속해서 비디오 게임을 하고 있다.

동의어 continuar

반의어 abandonar, desistir 그만두다

참고 perseguir 추적하다, 쫓다

계속하다,
따라가다

□ respaldar

Los padres siempre respaldan a sus hijos.

부모들은 항상 자신들의 자녀를 뒷받침한다.

동의어 ayudar, apoyar

후원하다,
뒷받침하다

Ⅰ 〈보기〉를 참고하여 단어를 올바르게 배열하세요.

① PARTADETOMEN _____

② CULFATAD _____

③ TESIUIGEN _____

④ DARPALRES _____

⑤ ÓSNAGRO _____

ÓRGANOS    FACULTADES    DEPARTAMENTO
SIGUIENTE    RESPALDAR

Ⅱ 빈칸에 알맞은 말을 쓰세요.

① Tengo una confianza _____ en él.
나는 전적으로 그를 신뢰한다.

② Pienso que Javier es demasiado _____.
나는 하비에르가 지나치게 경쟁적이라고 생각해.

③ El día _____ al lunes es el martes. 월요일 다음 날은 화요일이다.

Ⅲ 밑줄 친 단어를 다른 말로 바꿔 쓰세요.

① *Vine* a Corea para aprender su idioma y la cultura.    반의어: (    )

② Los padres siempre *respaldan* a sus hijos.    동의어: (    )

③ Los niños *siguen* jugando a videojuegos sin estudiar.    동의어: (    )

Ⅰ ① departamento ② facultad ③ siguiente ④ respaldar ⑤ órganos
Ⅱ ① absoluto ② competitivo ③ siguiente
Ⅲ ① Fui (ir) ② apoyan, ayudan ③ continúan

쉬어 가기

⊙ 다음 단어를 찾아 보세요.

```
C R E A T I V O
D X R O T C E R
O K R T W S M I
R I N E V T U G
M O N D S K X E
I S U P M A C L
R A I D U T S E
A B S O L U T O
```

CAMPUS    RECTOR    DORMIR    ESTUDIAR

CREATIVO    ELEGIR    ABSOLUTO    VENIR

# 3 Servicio para estudiantes 학생 관련 서비스 `Pista 09`

## 명사

| | | |
|---|---|---|
| ☐ selectividad / PAU | El examen de selectividad es una prueba escrita que se realiza a los estudiantes que desean acceder a estudios universitarios.<br>대학 진학 시험은 대학 과정에 들어가기 원하는 학생들에게 시행되는 필기시험이다. | 대학 진학 시험 |
| ☐ matrícula | ¿Me puedo hacer la matrícula provisionalmente como becario?<br>제가 장학생 자격으로 임시 등록을 할 수 있을까요?<br>참고 matricularse 등록하다, 입학 수속을 밟다 | 등록 |
| ☐ información | Pregunté en el centro de información qué documentación necesitaba.<br>나는 정보 센터에 무슨 서류가 필요한지 물었다. | 정보 |
| ☐ convocatoria | La empresa hace una convocatoria para puestos de contable.<br>회사는 회계직 구인 공고를 내고 있다. | 공고 |
| ☐ doctorado | Trabajó 3 años como ingeniero y luego empezó el doctorado.<br>엔지니어로 3년을 일한 뒤 박사 과정을 시작했다. | 박사 과정 |
| ☐ tesis | Ayer discutí el título de mi tesis con mi tutor.<br>어제 나는 논문 지도 교수와 논문 제목에 대해 토의했다. | 학위 논문 |
| ☐ carrera | Terminé mi carrera de Economía hace 3 años.<br>나는 3년 전에 내 전공인 경제 공부를 끝냈다. | 전공 |

| | | |
|---|---|---|
| ☐ investigación | Hemos empezado la investigación sobre la energía alternativa.<br>우리는 대체 에너지 연구를 시작했습니다. | 연구, 조사 |
| ☐ doble grado | Realizar un doble grado tiene grandes beneficios, ¿lo vas a hacer?<br>복수 학위 과정을 이수하는 것은 큰 장점이 있어. 너는 이수할 거니? | 복수 학위 과정 |

☐ requisitos de acceso 입학 조건

☐ nota de corte 입학 커트라인

☐ máster y postgrado
마스터 및 석사 과정

☐ lista de admitidos 입학생 명부

☐ formación específica
특별 양성 과정

☐ curso de reciclaje 재수강 과정

☐ plan de estudios 학습계획서

☐ convalidación 학점 인정

☐ servicios en línea 온라인 서비스

☐ asociaciones de estudiantes
학생 연합회

☐ procedimiento de tramitación
행정 수속 절차

**형용사/동사**

☐ escrito

Tengo escritas tres cartas para mi novio que está en el servicio militar.

나는 군대에 있는 내 남자 친구에게 보낼 3통의 편지를 써 놓고 있다.

쓰인,
서면화된

☐ general

Por lo general, no aceptamos alumnos en el programa.

일반적으로 우리들은 그 프로그램에 학생들을 받지 않습니다.

일반적인

☐ más

Alberto es más inteligente y trabajador que nosotros.

알베르또는 우리보다 더 지혜롭고 근면하다.

더

☐ mejor

Es mejor que estudies unas horas más al día para sacar buena nota.

좋은 학점을 받기 위해서 너는 하루에 몇 시간 더 공부하는 게 좋겠어.

더 좋은

☐ laboral

Calcula el número de días laborables y festivos de este año.

올해 근무일수와 공휴일 수를 계산해 봐.

노동의,
직업의

☐ doble

Sesenta es el doble de treinta.

60은 30의 두 배이다.

두 배의

☐ académico

En España el curso académico comienza la última semana de septiembre y finaliza la primera semana de junio.

스페인에서 정규 교육 과정은 9월 마지막 주에 시작해서 6월 첫째 주에 종료된다.

학교(학원,
대학)의,
학교 교육의

| | | |
|---|---|---|
| ☐ oficial | En el sitio oficial de la empresa puedes conseguir todos los datos que quieras.<br>기업의 공식 사이트에서 너는 네가 원하는 모든 정보를 얻을 수 있을 거야. | 공적인,<br>공식의 |
| ☐ realizar | Podremos realizar dentro de 10 años nuestro sueño de ir a la Luna.<br>우리는 10년 안에 달에 가는 꿈을 실현할 수 있을 것입니다. | 실현하다 |
| ☐ desear | Ella desea que compre un coche nuevo.<br>그녀는 내가 새 차를 구입하기를 원한다. | 원하다 |
| ☐ necesitar | Cuando necesites mi ayuda, dímelo en cualquier momento.<br>내 도움이 필요하면 언제든지 말해. | 필요하다 |
| ☐ hacer | El gato hace 'miau', el perro hace 'guau' y el gallo hace 'kikiriki'.<br>고양이는 '미아우', 강아지는 '구아우', 그리고 닭은 '끼끼리끼' 하고 운다. | 하다,<br>만들다 |
| ☐ especificar | En la página de la aerolínea especifican el tamaño de las maletas que podemos llevar.<br>항공사 홈페이지에 우리가 가져갈 수 있는 트렁크의 크기가 명시되어 있다. | 명시하다,<br>명기하다 |
| ☐ entrar | Movido por la curiosidad entré un día en la iglesia.<br>호기심에 이끌려 나는 어느 날 교회 안으로 들어갔다. | 들어가다 |

| | | |
|---|---|---|
| ☐ contar | Aprendimos a contar hasta cien millones.<br>우리는 억까지 세는 것을 배웠다. | 셈하다,<br>말하다 |
| ☐ acabar | El domingo que viene acaban los Juegos Olímpicos.<br>다음 주 일요일 올림픽이 폐막한다. | 끝나다 |
| ☐ diferenciar | Ellos pusieron una marca roja en los artículos rebajados para diferenciarlos.<br>그들은 가격이 할인된 품목을 구별하기 위해 빨간색 표시를 해 두었다. | 구별하다 |
| ☐ entregar | La policía entregó al niño a los servicios sociales.<br>경찰은 소년을 사회 사업 기관으로 넘겼다. | 내보내다,<br>건네다 |
| ☐ finalizar | Lamentamos que tengamos que finalizar nuestra relación comercial con su firma.<br>당사는 귀사와의 상업적 관계를 끝내야 함을 유감으로 생각하는 바입니다. | 끝내다 |
| ☐ constituir | El comité lo constituyeron diez especialistas.<br>위원회는 모두 10명의 전문가로 구성되었다. | 구성하다 |
| ☐ encontrar | Los científicos encontraron una vacuna contra el virus Zika.<br>과학자들은 지카 바이러스 퇴치 백신을 찾아냈다. | 찾다,<br>만나다 |
| ☐ esperar | Los desempleados esperan encontrar trabajo muy pronto.<br>실직자들은 빨리 일자리 찾기를 기대한다. | 기다리다,<br>기대하다 |

Ⅰ 〈보기〉를 참고하여 단어를 올바르게 배열하세요.

① PDORAOSTG _____

② VERUNISIRIOTA _____

③ RALGENE _____

④ TÍCIENFICO _____

⑤ TORADOCDO _____

보기

GENERAL    DOCTORADO    UNIVERSITARIO
POSTGRADO    CÍENTIFICO

Ⅱ 빈칸에 알맞은 말을 써 넣으세요.

① ¿Me puedo hacer _____ _____ provisionalmente como becario?
제가 장학생 자격으로 임시 등록을 할 수 있을까요?

② Ayer discutí el título de mi _____ con mi tutor.
어제 나는 논문 지도 교수와 논문 제목에 대해 토의했다

③ Hemos empezado la _____ sobre la energía alternativa.
우리는 대체 에너지 연구를 시작했습니다.

Ⅲ 다음 문장의 빈칸에 알맞은 전치사를 써 넣으세요.

① Los científicos encontraron una vacuna _____ virus Zika.

② Movido _____ la curiosidad entré un día en la iglesia.

③ Necesitamos una llave inglesa _____ arreglar todo esto.

⊙ 다음 단어를 찾아 보세요.

| T | M | A | S | T | E | R | O |
|---|---|---|---|---|---|---|---|
| K | S | R | L | R | X | Z | F |
| G | M | E | A | E | S | Z | I |
| R | V | R | R | D | A | R | C |
| A | M | R | O | E | C | Q | I |
| D | T | A | B | C | E | Y | A |
| O | K | C | A | C | B | S | L |
| C | U | M | L | A | U | D | E |

BECAS    CARRERA    GRADO    MASTER

CUMLAUDE    LABORAL    OFICIAL    ACCEDER

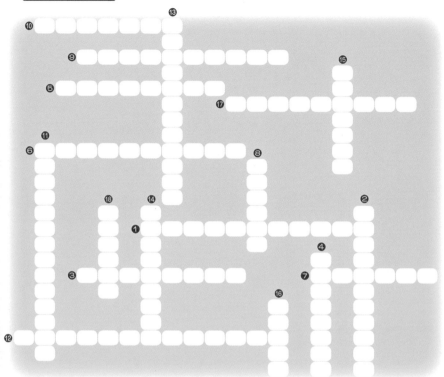

1. Ciencia que estudia las civilizaciones antiguas.
2. Ciencia que estudia los números.
3. Remedio que se toma para curar.
4. Ciencia que estudia la gestión del dinero.
5. Lugar donde se venden medicinas
6. Recogida y tratamiento de información para ser publicada.
7. Lugar donde se juntan las facultades.
8. Director de una universidad.
9. Lugares donde se estudian las carreras.
10. Conjunto de personas que actúan en representación de una organización.
11. Empresas o personas que da dinero a una organización.
12. Conjunto de profesores que trabajan conjuntamente.
13. Examen de acceso a la universidad.
14. Dinero que se paga para poder estudiar en algunos sitios.
15. Estudios universitarios sobre una temática determinada.
16. Trabajo final de doctorado.
17. Periodo de estudio y preparación de la tesis.
18. Estudios especializados generalmente complementarios a una carrera.

# IV

# Vida social

## 사회생활

| 명사 | | |
|---|---|---|
| ☐ actor | Me gustan los actores coreanos.<br>나는 한국 배우들이 좋다.<br>**참고** actriz (여자) 배우<br>  actor/actriz principal 주인공 | 남자 배우 |
| ☐ director | El director de la escuela es estricto, pero piensa en el bien de todos los alumnos.<br>교장 선생님은 엄격하시지만 모든 학생의 복지를 생각하신다.<br>director/a de cine 영화감독 | 교장, 감독, 지휘자 |
| ☐ pintor/a | Tenemos que llamar al pintor, las paredes están sucias.<br>우리는 페인트칠공을 불러야 해, 벽이 더러워. | 화가, 페인트칠공 |
| ☐ arquitecto/a | Mi amigo Javier es un arquitecto famoso.<br>내 친구 하비에르는 유명한 건축가이다. | 건축가 |
| ☐ carpintero/a | El carpintero sabe bien qué tipo de madera tiene que usar.<br>목수는 어떤 종류의 나무를 써야 하는지 잘 안다. | 목수 |
| ☐ fontanero/a | Voy a llamar al fontanero porque tengo un grifo roto.<br>수도꼭지가 망가져서 나는 수도공을 부를 거야. | 수도공, 배관공 |
| ☐ electricista | Mi hijo es un buen electricista y sabe bien cómo realizar una instalación eléctrica.<br>내 아들은 훌륭한 전기 기사로 전기 시설을 어떻게 해야 하는지 잘 안다. | 전기기사 |

| | | |
|---|---|---|
| ☐ ingeniero/a | Mi hijo quiere ser ingeniero aeronáutico.<br>내 아들은 항공기술자가 되고 싶어한다. | 엔지니어 |
| ☐ secretario/a | Mi secretaria trabaja muy bien.<br>내 비서는 일을 잘한다. | 비서 |
| ☐ político/a | En España los políticos tienen mala fama.<br>스페인에서는 정치인에 대한 평판이 나쁘다.<br>참고 político/a de derecha 우파 정치인<br>político/a de izquierda 좌파 정치인<br>político/a independiente 무소속 정치인 | 정치인 |
| ☐ entrenador/a | Expulsaron al entrenador del partido por protestar.<br>항의로 인해 경기장에서 감독을 퇴장시켰다. | 감독 |
| ☐ atleta | Los atletas hicieron buenas carreras en los Juegos Olímpicos.<br>운동선수들이 올림픽 경기에서 좋은 경기를 했다. | (주로 육상 경기의) 운동선수 |
| ☐ bailarina | Ha sido perfecto El Lago de Cisne hecho por la bailarina rusa.<br>러시아 발레리나가 춘 백조의 호수는 완벽했다.<br>참고 bailarín 남자 무용수 | 여자무용수 |
| ☐ cantante | A mi madre le gustan los cantantes de voz grave.<br>나의 엄마는 저음의 가수들을 좋아한다. | 가수 |
| ☐ pianista | Algunos pianistas tocaron melodías de Chopin.<br>몇몇 피아니스트들이 쇼팽의 멜로디를 연주했다. | 피아니스트 |

☐ camarero/a

Cuando voy a ese bar, siempre me atiende el mismo camarero.

내가 그 바에 가면 항상 똑같은 웨이터가 나를 맞이한다.

웨이터

---

☐ cocinero/a

El cocinero le echó mucha sal a la paella.

요리사가 빠에야에 소금을 많이 넣었다.

동의어 chef

요리사

---

☐ médico/a

Quiero ser un buen médico de mayor.

나는 커서 좋은 의사가 되고 싶다.

참고 veterinario/a 수의사
psiquiatra 정신과 의사
cirujano/a 외과 의사
médico/a de cabecera 일반의, 주치의
médico/a especialista 전문의

의사

---

☐ fisioterapeuta

El fisioterapeuta me ha dicho que descanse.

물리치료사가 나한테 쉬라고 말했다.

동의어 fisio

물리치료사

---

☐ enfermero/a

La enfermera ayuda a la anciana a levantarse de la cama.

간호사가 침대에서 일어나도록 어르신을 도와준다.

간호사

---

☐ farmacéutico/a

El farmacéutico me recomendó estas pastillas nuevas.

약사가 나에게 이 새로운 약들을 권했다.

참고 productos farmacéuticos 약품

약사

---

☐ peluquero/a

El peluquero lleva un peinado muy moderno.

미용사가 최신의 헤어스타일을 하고 있다.

참고 peluquería, salón de belleza 미용실

미용사

☐ modelo

Mi prima es modelo y es muy guapa.

내 사촌은 모델이고 아주 예쁘다.

모델

☐ abogado/a

Mi abogado me ha dicho que no hable sobre ese asunto.

그 문제에 대해서 아무 말도 하지 말라고 내 변호사가 나한테 말했다.

참고 bufete de abogados 로펌

변호사

☐ juez/a

El juez dictó una condena injusta.

판사가 부당한 판결을 내렸다.

참고 jurado 배심원

판사

☐ policía

La policía detuvo al ladrón en su casa.

경찰이 그의 집에서 도둑을 체포했다.

참고 policía militar 헌병
policía de tráfico 교통경찰

경찰

☐ militar

En mi familia hay dos militares.

우리 집에는 군인이 2명 있다.

참고 general 장군
soldado 병사, 사병

군인

☐ bombero/a

Dicen que el examen para ser bombero es muy difícil.

소방관 시험은 아주 어렵다고 한다.

소방관

☐ conductor/a

Nos gustó el conductor del autobús porque iba despacio.

우리는 버스 기사가 천천히 운전을 해서 마음에 들었다.

운전사

| | | |
|---|---|---|
| ☐ taxista | El taxista nos llevó a un buen restaurante español.<br>택시 기사가 우리를 좋은 스페인 식당으로 데려다 주었다. | 택시 기사 |
| ☐ guía | El guía del museo nos explicó muy bien las obras expuestas.<br>박물관 안내원이 우리들에게 박물관에 전시되어 있는 작품들에 대해 아주 잘 설명해 주었다.<br>참고 guía turístico/a 관광 가이드 | 가이드,<br>가이드북 |
| ☐ recepcionista | Estamos contentos con el hotel, la recepcionista es muy simpática.<br>우리는 호텔에 만족합니다. 프런트 직원이 아주 친절합니다. | 프런트직원 |
| ☐ oficinista | Hace un mes conseguí un trabajo como oficinista en una empresa de importaciones y exportaciones.<br>한 달 전에 나는 수출입 회사 사무직에 취직했다. | 사무원 |
| ☐ dependiente/a | Vi un cartel en la tienda, dice que necesitan un dependiente.<br>가게에서 판매원을 구하는 벽보를 봤다.<br>참고 vendedor/a 장사꾼, 판매원 | 판매원 |
| ☐ contable | Hay que elegir bien al contable para que no nos engañe.<br>우리를 속이지 않도록 회계사를 잘 뽑아야 한다. | 회계사 |
| ☐ panadero/a | Los panaderos se levantan muy temprano.<br>빵 굽는 사람들은 아주 일찍 일어난다. | 빵집 주인,<br>빵 굽는<br>사람 |

☐ conserje | El conserje conoce a todos los vecinos. | 수위, 경비
수위 아저씨는 모든 이웃을 다 알고 있다.
동의어 portero/a

☐ piloto | Para ser piloto hay que pasar unos exámenes difíciles. | 조종사
조종사가 되려면 몇 가지 어려운 시험에 합격해야만 한다.
참고 azafato/a 스튜어드/스튜어디스
tripulante 승무원

## 관련 어휘

☐ socorrista 인명 구조원

☐ bibliotecario/a 도서관 사서

☐ científico/a 과학자

☐ fotógrafo/a 사진사

☐ informático/a 정보 처리 전문가

☐ cartero/a 우편 배달부

☐ jardinero/a 정원사

☐ periodista 기자

☐ traductor/a 번역가, 통역사

☐ sastre 재단사

☐ cajero/a 창구 담당자, 현금 출납 담당자

☐ funcionario/a 공무원

☐ asesor/a 고문
참고 asesor financiero 재무 이사

☐ asesor jurídico 법률 고문

☐ fisioterapeuta 물리치료사

☐ **trabajador/a**

Los taxistas son trabajadores, pasan muchas horas al volante.

택시 기사들은 근면하며, 오랜 시간 운전대를 잡고 일한다.

부지런한, 근면한

☐ **competente**

Pedro es muy competente en economía.

뻬드로는 경제 분야에서 굉장히 유능하다.

유능한, 권한이 있는

☐ **talentoso/a**

Es un grupo muy talentoso, tendrán éxito pronto.

굉장히 재능이 있는 그룹으로, 곧 성공할 겁니다.

재능이 있는

☐ **hábil**

Paco de Lucía era un guitarrista muy hábil.

빠꼬 데 루시아는 아주 훌륭한 기타리스트이다.

동의어 habilidoso

~에 솜씨가 좋은, 기량이 있는

☐ **preciso/a**

Los ingenieros de la NASA son muy precisos.

나사(NASA)의 엔지니어들은 아주 정확하다.

정확한, 명확한

☐ **constante**

Para tener éxito en algo, hay que ser constante.

무슨 일에서든지 성공을 하기 위해서는 꾸준해야 한다.

일정한, 끊임없는

☐ **sensible**

Ella es una autora muy sensible y emocionante.

그녀는 아주 감성적이며 감동적인 글을 쓰는 작가이다.

감수성이 예민한, 민감한

☐ **bailable**

La música funk es muy bailable.

펑크음악은 춤 추기에 좋은 음악이다.

무용의

☐ rítmico/a

La música K-pop es muy rítmica.

K-POP 음악은 굉장히 리드미컬하다.

리듬의, 운율의

---

☐ ingenioso/a

Las películas de Charles Chaplin eran muy ingeniosas.

찰리채플린의 영화는 굉장히 독창적이었다.

창의력이 풍부한, 재능이있는

---

☐ torpe

El vallista era un poco torpe y tiró muchas vallas durante la carrera.

허들 경기자는 동작이 조금 둔했고 경기 도중 여러 개의 허들을 쓰러뜨렸다.

둔한, 굼뜬

---

☐ ganador

El entrenador hizo un equipo ganador con jugadores jóvenes.

코치는 젊은 선수들과 함께 우승팀을 만들었다.

이기는, 우승의

---

☐ ilegal

Aquel político está en la cárcel por hacer cosas ilegales.

저 정치인은 불법적인 일을 해서 감옥에 있다.

반의어 legal 합법적인

불법의, 위법의

---

☐ genial

¡Guau, fue una idea genial!

와우! 정말 굉장히 좋은 아이디어였어!

천재의, 훌륭한

---

☐ asesorar

En el ayuntamiento hay muchos técnicos que te pueden asesorar.

시청에는 너에게 조언해 줄 수 있는 기술자들이 많이 있어.

조언하다

---

☐ actuar

Ella siempre actúa como una niña.

그녀는 마치 어린아이처럼 행동한다.

움직이다, 활동하다

| □ dirigir | El antiguo propietario dirigía la empresa mucho mejor que el nuevo.<br>전 소유주가 새로운 소유주보다 훨씬 더 기업 운영을 잘했다. | 지휘하다,<br>경영하다 |
|---|---|---|
| □ interpretar | El actor interpretó muy bien ese papel, le dieron un Oscar.<br>배우가 그 역할을 아주 잘해서 그에게 오스카상을 주었다. | 연기하다,<br>연출하다 |
| □ aplaudir | El público quedó enamorado de su actuación y le aplaudió durante mucho tiempo.<br>관중은 그의 연기에 매료되어 오랜 시간 박수를 쳤다. | 박수치다 |
| □ apasionarse por/con | Cuando Sergio llegó a Corea, se apasionó por el kimchi.<br>세르히오는 한국에 왔을 때, 김치에 푹 빠졌다. | ~에 열중<br>하다,<br>정신을 쏟다 |
| □ componer | Beethoven compuso muchas grandes obras.<br>베토벤은 훌륭한 작품을 많이 작곡했다. | 구성하다,<br>작곡하다,<br>창작하다 |
| □ ensayar | Los músicos necesitan ensayar mucho.<br>음악가들은 연습을 많이 해야 한다. | 시행하다,<br>연습하다 |
| □ entrenar | Vicente del Bosque consiguió muchos éxitos entrenando a la selección española de fútbol.<br>비센떼 델 보스께는 스페인 축구 국가 대표 코치를 하면서 많은 성공을 거뒀다. | 코치하다,<br>훈련하다 |

☐ **construir**

Los romanos construyeron el Acueducto en Segovia.

로마인들이 세고비아에 수로를 건설했다.

건설하다, 집을 짓다

---

☐ **decorar**

Vamos a decorar el interior al estilo antiguo.

우리는 고풍스러운 스타일로 실내 장식을 할 겁니다.

꾸미다, 장식하다

---

☐ **diseñar**

Estos ingenieros diseñaron el tren de alta velocidad.

이 엔지니어들이 초고속 기차를 설계했다.

디자인하다, 설계하다

---

☐ **llamar por teléfono**

Tuve que llamar por teléfono a la policía.

나는 경찰한테 전화를 해야만 했다.

동의어 telefonear

전화를 걸다

---

☐ **servir**

Los camareros de ese bar sirven muy bien y muy rápido.

그 바의 웨이터들은 서비스가 아주 좋고 재빠르다.

섬기다, 봉사하다

---

☐ **atender**

No te preocupes, Juan me atiende bien.

걱정하지 마, 후안이 나를 잘 보살펴 줘.

돌보다, 주의를 기울이다

---

☐ **comprar**

Tenemos que ir a comprar pan porque no queda.

빵이 없어서 우리는 빵을 사러 가야만 돼.

반의어 vender 팔다

사다

---

☐ **practicar deporte**

Es importante practicar deporte para mejorar la salud.

건강을 회복하려면 운동하는 것이 중요합니다.

운동하다

---

| □ correr | No puedo correr porque me duele la rodilla. | 달리다 |
| | 나는 무릎이 아파서 뛰지 못해. | |
| | 참고 hacer jogging 조깅하다 | |

| □ entretener | La película que vimos ayer nos entretuvo mucho. | 즐겁게하다 |
| | 어제 본 영화는 우리의 기분을 전환시켜 주었다. | |

| □ gobernar | Es difícil gobernar en algunos países porque hay muchos problemas sociales. | 통치하다 |
| | 어떤 나라들은 사회적으로 많은 문제가 있어서 통치하기가 어렵다. | |

| □ dictar una sentencia | El juez dictó una sentencia muy dura contra aquel hombre. | 선고하다 |
| | 판사가 저 사람에게 중형을 선고했다. | |
| | 참고 dictar 받아쓰기를 시키다, 구술하다 | |

| □ crear | En España es muy difícil crear una empresa. | 창조하다, 창설하다 |
| | 스페인에서는 회사를 설립하기가 참 어렵다. | |

| □ desafinar | El cantante desafinó un poco durante el concierto. | (악기)가락이 흐트러지다 |
| | 콘서트 하는 동안 가수의 음이 살짝 맞지 않았다. | |

| □ grabar | La cámara de seguridad grabó todo el accidente. | 녹음하다, 녹화하다 |
| | 보안 카메라가 모든 사고를 녹화했다. | |

| □ despiezar | El carnicero despiezó el cerdo entero ayer. | 분해하다, 해체하다 |
| | 정육점 주인은 어제 돼지를 부위별로 나눴다(발골했다). | |

☐ **proyectar**

El arquitecto proyectó un edificio muy bello.

건축가가 아주 멋진 건물을 기획했다.

기획하다,
상영하다

---

☐ **soldar**

Los soldadores soldaron la tubería de agua ayer.

어제 용접공들이 수도배관을 연결했다.

참고 soldar una amistad 우정을 회복하다

용접하다,
접합시키다

---

☐ **recibir**

Vienen clientes nuevos, por favor, vayan a recibirlos.

새로운 고객들이 오십니다, 고객들을 맞이하러 가십시오.

받다,
맞이하다

---

☐ **teñir**

Estás muy guapa con el pelo teñido de rubio.

너는 금발로 염색을 하니 참 예쁘다.

염색하다

---

☐ **maquillar**

Algunas chicas se maquillan mucho.

몇몇 여학생들은 화장을 많이 한다.

화장하다,
분장하다

---

☐ **cortar** (el pelo)

¿Cómo podría cortar el pelo a mi hijita para que estuviera bonita?

내 딸의 머리를 어떻게 하면 예뻐 보일 수 있게 자를 수 있을까?

머리를
자르다

---

☐ **dispensar**

El gobierno ha dispensado a los ancianos de pagar impuestos.

정부는 노인들이 세금 내는 것을 면제해 주었다.

동의어 librar, eliminar obligación

반의어 otorgar, conceder 부여하다

~을 면제
하다,
부여하다

---

☐ **masajear**

El médico me quitó el dolor masajeándome la nuca.

의사 선생님이 목덜미를 마사지해 주면서 통증을 낮게 해 주셨다.

마사지하다

---

☐ **defender**

El abogado tuvo que defender un caso difícil, pero lo ganó.

변호사는 아주 어려운 사건을 변론해야 했지만 결국 변론에 성공했다.

참고 defender la patria, proteger la patria
　　　조국을 지키다

변호하다,
지키다

---

☐ **detener**

La policía detuvo a muchas personas durante la manifestación.

경찰이 시위 도중 많은 사람을 체포했다.

동의어 arrestar, prender 체포하다
　　　parar, frenar 멈추다

멈추다,
체포하다

---

☐ **apagar**

Los bomberos tardaron mucho en apagar el incendio.

소방관들이 화재를 진압하는 데 시간이 오래 걸렸다.

동의어 sofocar

끄다, 가라
앉히다

---

☐ **salvar**

Mi hijo está vivo porque un socorrista lo salvó.

내 아들은 작년에 한 구조대원이 구해 줘서 살아있습니다.

구하다,
구조하다

---

☐ **conducir**

Conducir en Seúl es muy estresante.

서울에서 운전하는 것은 스트레스를 많이 받는다.

동의어 manejar el coche

운전하다

☐ **pilotar**

Pilotar aviones es muy difícil, así que los exámenes son muy exigentes.

비행기 조정하는 것은 쉽지 않습니다. 그래서 시험은 많은 것을 요구합니다.

조종하다

---

☐ **informar**

Nadie me ha informado de que hoy no tenemos clase.

아무도 나에게 오늘 수업이 없다고 알려 주지 않았다.

알리다, 통지하다, 정보를 주다

---

☐ **asociar**

Decidimos asociar las dos empresas para crear una más fuerte.

우리는 좀 더 힘있는 기업으로 만들기 위해 두 회사를 합병하기로 결정했습니다.

결합시키다, 참여시키다

동의어 fusionar

---

☐ **juzgar**

No se debe juzgar a los demás porque te pueden juzgar también.

다른 사람들을 비판하지 말아야 해. 왜냐하면 다른 사람들도 너를 비판할 수 있거든.

심판하다, 비판하다, 판단하다

---

☐ **pescar**

A mi padre le gustaba ir a pescar porque le calmaba.

나의 아버지는 평온함을 가져다 준다며 낚시하러 가는 걸 좋아하셨다.

낚시하다

---

☐ **vigilar**

El socorrista vigila la piscina muy atentamente.

인명 구조대원은 아주 주의 깊게 수영장을 감독한다.

감시하다

---

☐ **contar**

Al abuelo de Juan le gusta mucho contar cuentos a sus nietos.

후안의 할아버지는 손주들에게 옛날 이야기를 해 주시는 것을 좋아하신다.

계산하다, 말하다

---

I  〈보기〉를 참고하여 단어를 올바르게 배열하세요.

① TANTENAC _____

② MEERRAENF _____

③ ERONATFON _____

④ ETATAL _____

⑤ OREENIGNI _____

보기

CANTANTE  ENFERMERA  ATLETA  FONTANERO  INGENIERO

II  빈칸에 알맞은 말을 써 넣으세요.

① Pedro es muy _____ en la economía.

빼드로는 경제 분야에서 굉장히 유능하다.

② Mi hijo quiere ser _____ _____. 내 아들은 항공기술자가 되고 싶어 한다.

③ En España es muy difícil _____ una empresa.

스페인에서는 회사를 설립하기 참 어렵다.

Ⅲ 주어진 단어를 활용해 〈예문〉처럼 문장을 완성해 보세요.

En España / tener / los políticos / mala fama.
→ En España los políticos tienen mala fama.

① Mi amigo Javier / famoso / ser / un arquitecto

→

② Nosotros / ir a decorar / al estilo antiguo / el interior

→

③ Los camareros de ese bar / muy bien y muy rapido / servir

→


Ⅳ 밑줄 친 단어의 여성형을 쓰세요.

① Me gustan *los actores coreanos*.　　　　　　(　　　　　)

② A mi madre le gustan *los cantantes* de voz grave.　　(　　　　　)

③ Mi *primo* es *modelo* y es muy *guapo*.　　　　(　　　　　)

Ⅰ ① cantante　② enfermera　③ fontanero　④ atleta　⑤ ingeniero

Ⅱ ① competente　② ingeniero aeronáutico　③ crear

Ⅲ ① Mi amigo Javier es un arquitecto famoso.
　　② Nosotros vamos a decorar el interior al estilo antiguo.
　　③ Los camareros de ese bar sirven muy bien y muy rapido

Ⅳ ① las actrices coreanas　② las cantantes　③ prima, modelo, guapa

⊙ 다음 단어를 찾아 보세요.

```
K  A  T  S  I  X  A  T
J  E  R  I  V  R  E  S
P  I  N  T  O  R  S  I
O  M  N  S  T  Y  X  S
B  A  L  B  A  Ñ  I  L
Z  E  U  J  O  Y  N  K
M  O  D  E  L  O  A  D
V  C  H  A  C  T  O  R
```

ACTOR   PINTOR   JUEZ   MODELO

ALBAÑIL   SERVIR   TAXISTA   ENSAYAR

명사

☐ **entrevista de trabajo**

Hice una entrevista de trabajo ayer, espero que me llamen.

나는 어제 구직 인터뷰를 했다. 연락 오기를 바란다.

구직인터뷰

☐ **entrevistador/a**

El entrevistador era muy serio, no sé si me seleccionarán.

면접관이 굉장히 무뚝뚝했는데 나를 뽑아 줄지 모르겠네.

면접관

☐ **candidato/a**

Rodrigo es el mejor de los candidatos, tiene muchas posibilidades.

로드리고가 가장 우수한 지원자이다. 가능성이 많다.

동의어 aspirante, solicitante, postulante

지원자

☐ **curriculum vitae**

Contrataron a Alexis porque tiene muy buen curriculum vitae.

알렉시스의 이력서가 가장 훌륭해서 알렉시스와 계약했다.

이력서

☐ **contrato**

Lidia va a cambiar de trabajo porque le ofrecen un buen contrato en otra empresa.

다른 회사가 아주 좋은 조건으로 계약하자고 제안해서 리디아는 직장을 바꾸려고 한다.

계약(서)

☐ **carrera profesional**

Me gustaría tener una larga carrera profesional en esta compañía.

이 회사에서 경력을 쌓고 싶습니다.

경력

☐ **jefe/a**

Nuestro jefe es muy comprensivo.

우리 상사는 이해심이 아주 많다.

(직장, 단체)
상사, 우두
머리

| □ ejecutivo | Un ejecutivo me contrató diciendo que había preparado un puesto para mí en la empresa.<br>회사에 나를 위한 자리를 마련해 놓았다고 얘기하면서 회사 간부가 나를 채용했다. | 중역,<br>고위직 |
|---|---|---|
| □ gerente | El gerente va a revisar este asunto.<br>이 문제는 지배인이 확인할 겁니다.<br>참고 gerente general 총지배인 | 지배인 |
| □ hombre/<br>mujer de<br>negocios | Mi hermano es un gran hombre de negocios.<br>나의 형은 아주 훌륭한 비지니스맨이다. | 비즈니스<br>하는 사람 |
| □ socio/a | No se puede entrar en este club si no eres socio.<br>회원이 아니면 이 클럽에 들어갈 수 없습니다.<br>참고 socio accionista 출자자, 주주<br>hacerse socio 회원이 되다, 조합에 가입하다 | 회원, 멤버 |
| □ horario | El horario del gimnasio es muy amplio.<br>체육관 시간표는 아주 다양합니다.<br>참고 horario/jornada laboral 근무 시간<br>horario flexible 탄력적인 근무 시간<br>horario de verano 서머타임 | 시간표,<br>시간 |
| □ trabajo | El trabajo está lejos de mi casa y quiero cambiarme de residencia.<br>직장이 집에서 멀어서 이사하고 싶어요.<br>참고 trabajo fijo 정규직<br>trabajo parcial 파트타임 | 일, 직장 |

☐ incorporación inmediata

Busco un trabajo con incorporación inmediata, necesito trabajar.

나는 바로 업무에 투입돼서 일하는 직장을 찾고 있어, 난 일을 해야만 돼.

바로업무에 투입돼서 일하는 것

---

☐ salario

Me gusta mucho mi trabajo y no me importa que el salario sea bajo.

나는 내 일이 너무 좋아서 월급이 적은 것은 나한테 중요하지 않아.

동의어 sueldo

참고 congelación salarial 임금 동결

월급

---

☐ dinero

No me importa mucho el dinero, me interesa ser feliz.

나에게 돈은 중요하지 않아, 나는 내가 행복한 데 관심이 있어.

돈

---

☐ ingresos

Como tiene muchos ingresos, me parece que la empresa funciona bien.

수입이 굉장히 좋은 걸로 보아 회사가 잘 나가고 있는 거 같아.

참고 ingresos adicionales 부수입, 추가소득
ingresos familiares 가계소득

수입, 소득

---

☐ comercio

En la calle Serrano hay mucho comercio, sobre todo de lujo.

쎄라노 거리에는 상가가 많이 있다. 특히 고급스러운 상가들이 많다.

참고 comercio al por mayor 도매
comercio al por menor 소매
balanza de comercio 무역 수지
Tratado de libre comercio 자유무역협정(FTA)

무역, 상점

☐ **aumento**

Mañana es un día importante. Voy a negociar un aumento de sueldo en mi trabajo.

내일은 중요한 날이야. 회사에서 임금 인상안을 협상할 거야.

증대, 인상

---

☐ **sindicato**

El sindicato no sólo lucha por mantener su puesto de trabajo sino también por los derechos humanos.

노동조합은 단지 그들의 일자리를 지키기 위해서 싸우는 게 아니라 인권을 지키기 위해서도 싸운다.

노동조합

---

☐ **empresa**

Trabajo en una empresa mediana.

나는 중견 기업에 다닌다.

기업, 회사

`동의어` compañía

`참고` empresa multinacional 다국적 기업
　　　 pequeñas y medianas empresas 중소기업

---

☐ **fábrica**

Trabajando en una fábrica textil gané dinero para mi estudio.

나는 섬유 공장에서 일하면서 학비를 벌었다.

공장

`참고` a pie de fábrica 공장도 가격으로

---

☐ **despacho**

Mi despacho está en el tercer piso.

내 사무실은 3층에 있다.

사무실

`동의어` oficina

---

☐ **departamento**

Todos los compañeros en mi departamento son dinámicos y responsables.

내가 있는 부서의 동료들은 모두 활동적이고 책임감이 있다.

(회사의)
부, 부서

`참고` departamento de recursos humanos 인사과
　　　 departamento de administración 관리부
　　　 departamento de ventas y marketing 마케팅 부서

| | | |
|---|---|---|
| ☐ puesto | Estoy esperando un puesto en el departamento de administración.<br>나는 행정실에 자리가 나기를 기다리고 있다.<br>동의어 cargo | 직위, 자리 |
| ☐ medidas | Las empresas deben tomar varias medidas para emplear a más jóvenes.<br>기업들은 젊은이들을 더 많이 고용하기 위해서 다양한 조치를 취해야 한다. | 조치, 대책 |
| ☐ reunión | Tengo una reunión muy importante a las dos de la tarde con una empresa peruana.<br>나는 오후 2시에 페루 회사와 아주 중요한 미팅이 있다. | 회의 |
| ☐ presupuesto | Preparamos el presupuesto del Estado para el próximo año.<br>우리는 내년 국가 예산을 작성합니다. | 예산, 견적 |
| ☐ mano de obra | En algunos países la mano de obra es muy barata.<br>몇몇 국가에서는 인건비가 아주 싸다. | 노동력, 인건비 |
| ☐ cadena comercial | La cadena comercial debe funcionar bien para hacer a la empresa eficiente.<br>효율적인 회사를 만들려면 사업망이 잘 돌아가야 한다. | 사업망 |
| ☐ requisitos | La diligencia es el primer requisito para este trabajo.<br>근면함이 이 일을 하는 데 제일 중요한 조건이다. | 필요 조건, 자격 |

☐ desempleo    En Europa hay muchos países con alta tasa de desempleo.    실업

유럽에는 실업률이 높은 나라가 많습니다.

**참고** tasa de desempleo 실업률

---

**관련 어휘**

| | |
|---|---|
| ☐ fomento del empleo 고용 증진 | ☐ gastos administrativos 운영 경비 |
| ☐ asesoría de empresa 기업 자문 | ☐ intermediario/a 중재자, 중간 상인 |
| ☐ auditoría 감사, 법정 | ☐ demandas de trabajo 구직 |
| ☐ hacer una auditoría 회계 감사를 하다 | ☐ ofertas de trabajo 구인 |
| ☐ innovador/a 개혁자, 혁신자 | ☐ colega 동료 |

## 형용사/동사

☐ **indispensable**

Es indispensable saber idiomas extranjeros como español o inglés para este trabajo.

이 일을 하려면 스페인어나 영어 같은 외국어가 필수이다.

동의어 imprescindible

꼭 필요한, 없어서는 안 되는

---

☐ **comprensivo**

Tienes que ser comprensiva con Irene, ahora lo está pasando mal.

너는 이레네를 이해해야 돼, 지금 안 좋은 일을 겪고 있잖아.

이해력이 있는

---

☐ **capaz**

Me gusta ese trabajador porque es muy capaz.

능력 있어서 나는 그 직원이 좋아.

반의어 incapaz 불가능한, ~을 할 수 없는

유능한

---

☐ **arruinado**

Mario tiene problemas económicos, casi está arruinado.

마리오는 경제적으로 어려움을 겪고 있어, 거의 파산 지경이거든.

파산된

---

☐ **fracasado**

A pesar de ser una pianista fracasada, nunca dejó de tocar el piano.

피아니스트로서는 실패했지만 한번도 피아노 치는 것을 그만둔 적이 없다.

실패한

---

☐ **entrevistar**

Hoy me van a entrevistar y estoy muy nervioso.

오늘 나는 면접이 있어서 너무 긴장돼.

동의어 hacer una entrevista

인터뷰하다

---

☐ **contratar**

Contraté una empresa bien conocida entre mis amigos para reformar mi casa.

나는 집을 리모델링하기 위해 내 친구들 사이에 잘 알려진 회사와 계약을 맺었다.

계약하다, 조정하다

---

| □ firmar | Hay que firmar el cheque para que tenga validez.<br>효력을 가지려면 수표에 사인해야만 한다. | 서명하다 |
|---|---|---|

| □ emplear | Me han empleado en una empresa multinacional que tiene la sede principal en Seúl.<br>서울에 본사가 있는 다국적 기업에서 나를 고용했다. | 고용하다 |
|---|---|---|

| □ ganar | Trabajamos muy duro, sin embargo no ganamos mucho.<br>우리는 열심히 일을 하지만 수입이 많지 않다.<br>참고 ganar la vida 생계를 꾸려 나가다<br>동의어 embolsar 돈을 벌다<br>vencer, triunfar 이기다, 승리하다 | (돈을) 벌다,<br>승리하다 |
|---|---|---|

| □ ingresar | Te voy a ingresar el dinero esta tarde.<br>오늘 오후에 너한테 돈 입금할게. | 입금하다,<br>납입하다,<br>입원하다 |
|---|---|---|

| □ conseguir un trabajo | Hoy en día, no es nada fácil conseguir un trabajo en cualquier lugar del mundo.<br>요즈음은 전 세계 어디에서도 직장 구하기가 쉽지 않다. | 구직하다 |
|---|---|---|

| □ ascender | Después de trabajar 10 años él ascendió a jefe en el departamento de recursos humanos.<br>10년을 일한 후에 그는 인사과 책임자로 승진했다. | 승진하다 |
|---|---|---|

| □ aumentar | ¿Te han aumentado el sueldo?, ¡qué buena noticia!<br>네 월급을 올려 줬어? 정말 좋은 소식이네!<br>동의어 incrementar | 증대하다,<br>늘어나다 |
|---|---|---|

☐ **administrar**

Mi hijo Juan empezó a administrar el negocio familiar en cuanto terminó sus estudios.

내 아들 후안은 공부를 끝내고 바로 가업을 경영하기 시작했다.

동의어 dirigir, guiar, gobernar

관리하다, 경영하다

---

☐ **presuponer**

No acuses a nadie sin pruebas; no debes presuponer.

증거 없이는 아무도 비난하지 마; 미리 추측하면 안 돼.

미리 추정 하다, 견적 내다

---

☐ **despedir**

El jefe sabía que Daniel robaba dinero y lo despidió.

보스는 다니엘이 돈을 훔치는 것을 알고 있었고 그래서 그를 해고시켰다.

해고하다

---

☐ **renunciar**

Mi marido renunció a fumar en cuanto supo que le estaba dañando la salud.

내 남편은 그의 건강에 해를 끼친다는 것을 안 순간 담배를 끊었다.

체념하다, 사직하다

---

☐ **quedarse en el paro**

Con la crisis económica mucha gente se quedó en el paro.

경제 위기로 인해 많은 사람들이 실직했다.

동의어 estar en paro

실직 중이다

---

☐ **fabricar**

Fabricamos y distribuimos nuestros productos.

우리는 제품을 제조하고 유통한다.

만들다

---

☐ **comerciar**

La policía detuvo a unos extranjeros comerciando con cosas prohibidas en secreto.

경찰은 비밀리에 금지된 물건을 거래하고 있는 외국인들을 검거했다.

동의어 negociar, tratar

거래하다, 무역하다

| □ buscar | Se busca nativo para dar clases de conversación.<br>회화 수업을 할 원어민을 찾습니다. | 구하다,<br>찾다 |
|---|---|---|

| □ ofrecer | Se ofrecen incentivos para el puesto de director de música.<br>음악 감독직을 맡는 분에게는 인센티브를 드립니다. | 제공하다 |
|---|---|---|

| □ valorar | No estoy contento con mi trabajo, no me valoran lo suficiente.<br>내 직장에 만족하지 않아, 내 가치를 충분히 높게 평가하지 않거든.<br>참고 avalorar 값을 매기다<br>desvalorar 가치를 떨어뜨리다<br>infravalorar (화폐 등의) 과소평가하다 | 평가하다,<br>존중하다 |
|---|---|---|

| □ dedicarse a | Quiero dedicarme más a mi familia.<br>나는 내 가족에게 좀 더 전념하고 싶어. | (~에) 종사<br>하다 |
|---|---|---|

| □ exigir | Mi trabajo me exige mucha paciencia.<br>나의 일은 나에게 많은 인내심을 요구한다. | (강압적으로)<br>요구하다 |
|---|---|---|

| □ promover | Es bueno promover hábitos saludables en la población.<br>주민들에게 건강한 습관을 조성하는 것은 좋다. | 촉진하다,<br>조성하다 |
|---|---|---|

| □ exportar | Alemania exporta muchos productos tecnológicos.<br>독일은 기술적 제품을 많이 수출한다.<br>반의어 importar 수입하다 | 수출하다 |
|---|---|---|

| □ expulsar | Si ese alumno se sigue portando tan mal, tendremos que expulsarlo.<br>그 학생이 계속 행실이 안 좋으면 우리는 그 학생을 내쫓아야만 한다. | 추방하다,<br>내쫓다 |
|---|---|---|
| □ fracasar | No pudimos arreglar la situación y acabó por fracasar.<br>우리는 그 상황을 해결할 수 없었고 결국 실패로 끝났다. | 실패하다 |
| □ sustituir | Necesitamos a otra persona para sustituir al entrenador.<br>우리는 코치를 대신할 사람이 필요해.<br>동의어 reemplazar | 대체하다 |
| □ sellar | Hay que sellar y firmar las cartas antes de mandarlas.<br>편지는 보내기 전에 서명 날인해야 한다. | 날인하다,<br>체결하다 |
| □ marcharse | Me marché antes porque la fiesta era aburrida.<br>파티가 지루해서 나는 먼저 갔어. | 떠나다,<br>나가다 |
| □ perder el tiempo | A Raúl no le gusta perder el tiempo, hará las tareas rápidamente.<br>라울은 시간 낭비하는 것을 싫어해. 일을 빨리 할 거야. | 시간을<br>낭비하다 |
| □ estar a la venta | La casa de la esquina está a la venta.<br>모퉁이에 있는 집은 팔려고 내놓은 집이다. | 판매중이다 |
| □ estar bajo presión | Ana trabaja muy bien aún estando bajo presión.<br>여전히 스트레스를 받고 있지만 아나는 일을 아주 잘해.<br>참고 tener estrés 스트레스가 있다 | 스트레스를<br>받고 있다 |

Ⅰ 〈보기〉를 참고하여 단어를 올바르게 배열하세요.

① JOTRAAB _____

② MUCULRRICU _____

③ SAREPEM _____

④ PLEMEDESO _____

⑤ DISCATONI _____

> **보기**
>
> CURRICULUM    SINDICATO    EMPRESA
> TRABAJO    DESEMPLEO

Ⅱ 빈칸에 알맞은 말을 쓰세요.

① Busco un trabajo con _____ _____, necesito trabajar.

나는 바로 업무에 투입돼서 일하는 직장을 찾고 있어, 난 일을 해야만 돼.

② Rodrigo es el mejor de _____ _____, tiene muchas posibilidades.

로드리고가 가장 우수한 지원자로, 가능성이 많다.

③ Mi trabajo me _____ mucha paciencia.

내 일은 나에게 많은 인내심을 요구한다.

Ⅲ 밑줄 친 부분의 동의어를 쓰세요.

① Me gusta mucho mi trabajo y no me importa que *el salario* sea bajo.

　　　　　　　　　　　　　　（　　　　）

② Mi *oficina* está en el tercer piso.

　　（　　　）

③ Es *indispensable* saber idiomas extranjeros como español o inglés para este trabajo.

　　（　　　　　）

Ⅳ 다음 동사의 명사 형태를 쓰세요.

① aumentar – （　　　　　　）

② contratar – （　　　　　）

③ ascender – （　　　　　）

④ exportar – （　　　　　）

쉬어 가기

⊙ 다음 단어를 찾아 보세요.

```
C  O  N  T  R  A  T  O
R  C  A  P  A  Z  N  I
S  A  L  A  R  O  G  R
F  A  B  R  I  C  A  A
D  S  T  N  M  D  N  L
A  H  U  G  U  N  A  A
N  E  F  E  J  A  R  S
R  E  D  N  E  C  S  A
```

REUNION   JEFE   SALARIO   CAPAZ

CONTRATO   FABRICA   ASCENDER   GANAR

# 3 Los medios de comunicación 매스미디어(정보 매체)

Pista 12

## 명사

☐ **internet**

La relacion entre Luis y Raquel comenzó por internet.

루이스와 라껠의 관계는 인터넷을 통해 시작되었다.

인터넷

---

☐ **virus**

Hay que tener cuidado con los virus en el correo electrónico.

이메일에서 바이러스를 조심해야 된다.

참고 antivirus 안티바이러스

바이러스

---

☐ **contraseña**

Se me olvidó la contraseña y no pude acceder a la página de mi escuela.

비밀번호를 잊어버려서 학교 사이트에 접속할 수 없었다.

비밀번호

---

☐ **nombre de usuario**

No debes darle tu nombre de usuario a ninguna persona.

너는 그 누구에게도 네 사용자 이름을 주면 안 돼.

사용자이름

---

☐ **favorito**

Voy a poner esta página en favoritos para acordarme de ella.

나는 그녀를 기억하기 위해 이 페이지를 즐겨찾기에 저장할 거야.

즐겨찾기

---

☐ **navegador**

Uso navegadores alternativos para que no me espíen.

나를 몰래 염탐하지 못하게 나는 검색창을 교차적으로 사용하고 있어.

검색(창)

---

☐ **televisión**

No me gusta ver la televisión porque me aburre.

나는 텔레비전 보는 것이 싫어, 왜냐하면 지루하기 때문이야.

텔레비전

---

| □ radio | Por favor, baje la radio. Me molesta mucho. | 라디오 |
|---|---|---|
| | 라디오 볼륨 좀 내려 주세요, 굉장히 방해가 되네요. | |

| □ agencia de prensa | Mi padre trabaja en una agencia de prensa y está muy bien informado de ese asunto. | 신문사 |
|---|---|---|
| | 나의 아버지는 신문사에 근무하셔서 그 사건에 대해 잘 알고 계셔. | |

| □ crónica deportiva | Siempre veo la crónica deportiva porque es mi favorita. | 스포츠 섹션 |
|---|---|---|
| | 내가 제일 좋아하는 분야라 나는 항상 스포츠 섹션을 봐. | |

| □ crónica de sociedad | La cronica de sociedad dura demasiado tiempo. | 라이프 스타일 섹션 |
|---|---|---|
| | 라이프 스타일 섹션은 너무 오래 하고 있어. | |

| □ libertad de prensa | En algunos países no hay mucha libertad de prensa. | 출판의 자유 |
|---|---|---|
| | 어떤 나라에서는 출판의 자유가 많지 않다. | |

| □ periódico | El periódico digital ha sido creado por internet y nos informa rápido. | 신문 |
|---|---|---|
| | 디지털 신문은 인터넷으로 인해 생겨났으며 우리에게 아주 빠른 정보를 준다. | |
| | 동의어 diario | |

| □ portada | Tuvieron que cambiar la portada de la revista porque era muy polémica. | (신문의) 표지, 제1면 |
|---|---|---|
| | 너무 논쟁의 소지가 많아 잡지의 표지를 바꿔야만 했다. | |

☐ **revista**

Me gusta leer revistas cuando viajo en tren. | 잡지

나는 기차 타고 여행할 때 잡지 읽는 것을 좋아한다.

---

☐ **tira cómica**

La tira cómica es mi sección favorita del periódico. | (신문 등의) 연재만화

연재만화는 신문에서 내가 좋아하는 섹션이다.

---

☐ **titular**

No me gusta leer ese periódico porque tiene titulares muy sensacionalistas. | 헤드라인, 표제, 제목을 붙이다

나는 그 신문 읽는 것을 좋아하지 않는데 왜냐하면 헤드라인이 너무 선정적이어서야.

---

☐ **anuncio**

Leí el anuncio de tu negocio en internet. | 광고

인터넷에서 네 사업에 대한 광고를 봤어.

동의어 publicidad

---

☐ **artículo**

Hugo leyó el artículo sobre comida coreana y le pareció muy interesante. | 기사

우고는 한국 음식에 대한 기사를 읽었고 굉장히 흥미롭다고 생각했다.

---

☐ **cartelera**

La cartelera del cine nos informa de las próximas películas. | 광고판

영화관 광고판은 다음에 상영될 영화를 우리에게 알려준다.

동의어 tabla de anuncio

---

☐ **editorial**

Trabajamos para una editorial muy grande en Madrid. | 출판사, 사설, 논설

우리는 마드리드에 있는 아주 큰 출판사에 근무합니다.

| □ emisora | Solo escucho emisoras de música. | 방송국 |
| --- | --- | --- |
| | 나는 오로지 음악 방송만 듣는다. | |

| □ episodio | Ayer echaron dos episodios de Juego de Tronos. | 에피소드, 사건 |
| --- | --- | --- |
| | 어제 왕좌의 게임 에피소드 2회분을 내보냈다. | |

| □ telenovela | Últimamente las telenovelas coreanas son bastante populares en América Latina. | 연속극, 드라마 |
| --- | --- | --- |
| | 최근 한국 드라마가 라틴아메리카에서 상당히 인기가 있다. | |
| | 참고 culebrón 멜로 드라마 | |

| □ televidente | Normalmente las ancianas son grandes televidentes. | 시청자 |
| --- | --- | --- |
| | 일반적으로 나이 있는 여자들이 충실한 시청자들이다. | |
| | 동의어 telespectador/a | |

| □ locutor/a | A Rosa le gusta ese locutor porque su voz es muy bonita. | 아나운서 |
| --- | --- | --- |
| | 목소리가 너무 좋아서 로사는 그 아나운서를 좋아한다. | |

| □ oyentes | El programa ganó muchos oyentes gracias al nuevo concursante. | 청취자, 청중 |
| --- | --- | --- |
| | 그 프로그램은 새로운 참가자 덕분에 청취자가 많이 생겼다. | |

| □ público | El público disfrutó del espectáculo y quedó satisfecho. | 대중, 관객 |
| --- | --- | --- |
| | 관객은 쇼를 즐기고 만족했다. | |

☐ redactor/a | El redactor de esa revista siempre elige noticias muy interesantes y tiene muchos seguidores. | 편집자
그 잡지의 편집자는 언제나 아주 흥미 있는 소식을 선택하여 많은 추종자가 있다.

☐ reportero/a | Mariano trabaja como reportero en la sección de deportes. | 보도기자, 리포터
마리아노는 스포츠 부문에서 리포터로 일하고 있다.

- ☐ banda sonora 사운드 트랙

- ☐ canal de televisión
  TV 채널, (라디오와 방송의) 네트워크

- ☐ documental 다큐멘터리, 기록 영화

- ☐ estreno 초연, 개봉
  참고 cine de estreno 개봉관

- ☐ pantalla 스크린, 화면

- ☐ película 영화
  참고 película de acción 액션 영화
  película policíaca 추리 영화
  película cómica 코믹 영화
  película de ciencia ficción
  공상 과학 영화
  película de dibujos animados
  만화 영화
  película en versión original (V.O)
  오리지널 버전의 영화
  película doblada 더빙된 영화
  película subtitulada (V.O.S)
  자막 처리된 영화

- ☐ subtítulo 부제, (주로 복수) 자막

- ☐ periodismo 저널리즘, 신문계

- ☐ programa 프로그램

- ☐ suplemento cultural 문화특집판

- ☐ teléfono 전화
  참고 teléfono celular 휴대폰
  teléfono fijo 집 전화
  extensión 구내전화

- ☐ buzón 우체통, 우편함

- ☐ contestador automático
  자동 응답기

- ☐ línea ocupada 통화중

- ☐ llamada 통화

- ☐ carta 편지

- ☐ apartado de correos 사서함

- ☐ destinatario 수취인

- ☐ remitente 발신인

- ☐ sello 우표

- ☐ postal 엽서

- ☐ impreso 인쇄물

- ☐ sobre 봉투

- ☐ tarjeta 카드

### 형용사/동사

☐ autorizado/a

Para enviar este documento debes estar autorizado.

이 서류를 보내려면 허가를 받아야만 돼.

허가받은

---

☐ destacado/a

Le dieron el primer premio a Felipe porque fue el más destacado concursante.

펠리뻬에게 일등 상을 주었는데 왜냐하면 가장 뛰어난 참가자였다.

뛰어난

---

☐ en directo

A mí me gusta escuchar la música rock en directo.

나는 록음악을 현장에서 듣는 것을 좋아한다.

동의어 en vivo

생중계의

---

☐ influyente

Mi padre es un hombre influyente en su trabajo.

내 아버지는 그의 직장에서 영향력 있는 사람이다.

영향력이 있는

---

☐ navegar

Mi hermana menor se pasa el día navegando por internet.

내 여동생은 인터넷 서핑을 하면서 하루를 보낸다.

서핑하다

---

☐ conectarse a internet

No puedo conectarme a internet hoy.

나는 오늘 인터넷에 접속할 수 없어.

인터넷에 접속하다

---

☐ acceder a una página web

Hay que ser adulto para acceder a esa página web.

그 웹사이트에 접근하려면 성인이어야 돼.

동의어 entrar, llegar, alcanzar

웹사이트에 엑세스하다

---

| | | |
|---|---|---|
| ☐ descargar | Aunque es ilegal, me gusta descargar películas y música en esta página.<br>불법적이긴 하지만 나는 이 사이트에서 영화와 음악 다운로드하는 것을 좋아한다. | (데이터를) 내려받다 |
| ☐ cargar | Con la red wifi se tarda poco en cargar las fotos.<br>WiFi망이 있으면 사진을 업로드하기 빠르다. | 업로드하다, 충전하다 |
| ☐ adjuntar | Cuando me mandes el documento, no te olvides de adjuntar las imágenes.<br>나한테 문서 보낼 때 이미지 첨부해서 보내는 거 잊지 마. | 첨부하다 |
| ☐ teclear | Su secretaria es capaz de teclear muy rápido.<br>그의 비서는 키보드를 아주 빨리 칠 수 있는 능력이 있다. | 키보드를 치다 |
| ☐ informatizar | En el futuro todas las casas estarán informatizadas.<br>미래에 모든 집은 정보화되어 있을 것이다. | 정보화하다, 전산화하다 |
| ☐ chatear | No me gusta chatear, prefiero hablar en persona.<br>나는 채팅하는 것을 싫어해, 직접 말하는 게 더 좋아. | 채팅하다 |
| ☐ opinar | Opinar y expresar su opinión es un derecho que tienen todos los ciudadanos.<br>자신의 의견을 말하고 표현하는 것은 모든 시민이 지닌 권리입니다. | 의견을 말하다 |
| ☐ ser parcial | Los jueces no deben ser parciales.<br>판사들은 편파적이어서는 안 된다. | 편파적이다 |

☐ **filmar**

Algunas series de televisión filman escenas en ciudades famosas.

몇몇 TV 시리즈는 이름 있는 도시에서 촬영한다.

동의어 rodar

촬영하다

---

☐ **transmitir**

Ayer transmitieron un concierto de K-POP en vivo.

어제 K-POP 콘서트를 생방송했다.

동의어 emitir

방송하다

---

☐ **subtitular**

No puedo ver películas en español si no las subtitulan porque no las entiendo.

자막 처리가 안 되어 있으면 영화를 이해할 수 없어서 나는 스페인어로 영화를 볼 수 없다.

부제를 붙이다, 자막을 넣다

---

☐ **grabar**

Hoy en día todo el mundo puede grabar vídeos con su móvil.

오늘날은 모든 사람이 자신의 핸드폰으로 비디오를 녹화할 수 있다.

녹음하다, 녹화하다

---

☐ **entretener**

El principal objetivo de las novelas es entretener.

소설의 주된 목표는 기분전환을 하는 것이다.

즐겁게하다, 기분전환을 하다

---

☐ **anunciar**

El Real Madrid anunció el fichaje de su nuevo jugador ayer.

레알마드리드는 어제 새로운 선수와 계약을 했다고 알렸다.

알리다, 통지하다

---

☐ **publicar**

Por fin, he conseguido publicar mi primera novela.

마침내 나의 첫 번째 소설을 출간했다.

보도하다, 공표하다, 출판하다

---

☐ **escribir cartas**

A mí me gusta escribir cartas a mano.
나는 손 편지 쓰는 것을 좋아한다.

편지를 쓰다

☐ **repartir las cartas**

Antes de empezar este juego, os voy a repartir las cartas.
이 게임을 시작하기 전에 내가 너희들에게 카드를 나누어 줄 거야.

편지/카드를 나누어 주다

☐ **enviar**

De vez en cuando envío a mi familia y amigos tarjetas postales con fotos de los lugares turísticos que visito en Seúl.
나는 가끔씩 내가 서울에서 방문하는 관광지의 사진과 엽서를 나의 가족과 친구들에게 보낸다.

발송하다, 보내다

동의어 mandar, emitir, remitir

☐ **reenviar**

Te mando las fotos de las vacaciones y tú se las reenvías a los demás, por favor.
너한테 휴가 사진을 보낼게, 다른 사람들한테 그 사진들을 네가 다시 좀 보내 줘, 부탁해.

재발송하다

☐ **pegar**

Pego en el sobre los sellos necesarios y deposito la carta en el buzón.
나는 필요한 우표를 봉투에 붙이고 편지를 우체통에 넣는다.

부착하다, 첨부하다

참고 franquear 우편 요금을 지불하다, 우표를 붙이다

☐ **redactar**

Para escribir un buen texto hay que saber redactar muy bien.
훌륭한 텍스트를 작성하기 위해서는 문서 작성하는 법을 잘 알아야 한다.

(문서 등을) 작성하다, 편집하다

동의어 escribir, describir, narrar

☐ **rotular**

Déjame en paz. Tengo que pensar cómo voy a rotular el cartel.

나 좀 가만히 놔 둬, 포스터 제목을 어떻게 붙일지 생각해야 해.

동의어 titular

타이틀을 붙이다

---

☐ **suscribir**

Hoy me he suscrito a una revista de literatura.

나는 오늘 문학 잡지 구독을 신청했다.

(정기 구독이나 입회 등을) 신청하다, 서명 날인하다

---

☐ **telefonear**

Vuelvo a telefonearle en cuanto llegue a casa.

집에 도착하는 즉시 다시 전화 드리겠습니다.

동의어 llamar por teléfono

전화하다

---

☐ **ponerse al teléfono**

Un momento por favor, ahora mismo se pone al teléfono.

잠깐만 기다리세요, 금방 전화받을 겁니다.

참고 colgar el teléfono 전화를 끊다

전화받다

---

☐ **descolgar**

Suena mi teléfono, tengo que descolgar. Luego te llamo.

전화벨이 울려서, 전화받아야 해. 다시 전화할게.

전화기를 들다

---

☐ **comunicarse con alguien**

Espera, tengo que comunicarme con Ramón antes de contestarte.

기다려 봐, 너한테 답하기 전에 라몬하고 통화해야 돼.

참고 desviar una llamada 전화를 돌리다, 우회시키다

(~와)연락을 취하다, 교신하다

---

☐ **estar bien informado**

No te preocupes por nada. Estoy bien informado de ese asunto.

걱정하지 마. 나는 그 문제에 대해서 정확히 알고 있어.

소식을 정확히 알고 있다

| □ poner copia | Antes de mandarme el correo, pon copia oculta. | (이메일 보낼 때) 참조하기로 해 두다 |
| | 나한테 메일을 보내기 전에 숨은 참조로 해 놔. | |

| □ quedarse sin batería | No pude llamarte luego porque me había quedado sin batería. | 배터리가 없다 |
| | 배터리가 없어서 나중에 너한테 전화 못 했어. | |

| □ telegrafiar | Ya casi nadie telegrafía mensajes porque utilizan la mensajería instantánea del móvil. | 전신/전보로 보내다 |
| | 이제는 핸드폰의 인스턴트 메신저를 사용하기 때문에 메시지를 전신으로 보내는 사람이 거의 없다. | |

150

Ⅰ 〈보기〉를 참고하여 단어를 올바르게 배열하세요.

① CUTÍLOAR _____

② RODGANEVA _____

③ TESENOY _____

④ NOLAEVEELT _____

⑤ ATREVIS _____

> **보기**
>
> NAVEGADOR    REVISTA    ARTÍCULO
> TELENOVELA    OYENTES

Ⅱ 빈칸에 알맞은 말을 써 넣으세요.

① Un momento, por favor, ahora mismo _____ _____ _____ _____.
잠깐만 기다리세요, 금방 전화받을 겁니다.

② Últimamente _____ _____ _____ son bastante populares en América Latina.
최근에는 한국 드라마가 라틴아메리카에서 상당히 인기가 있다.

③ No puedo _____ _____ _____ hoy.
오늘 나는 인터넷에 접속할 수 없다.

III 관련 있는 것끼리 연결하세요.

① Internet •
② televisión •
③ agencia de prensa •

• a. contraseña
• b. periódico
• c. telenovela
• d. navegar
• e. portada
• f. telebasura

IV 그림에 맞는 동사를 연결하세요.

①  •
②  •
③  •

• ⓐ telefonear
• ⓑ escribir las cartas
• ⓒ chatear

---

I  ① artículo  ② navegador  ③ oyentes  ④ telenovela  ⑤ revista
II  ① se pone al teléfono.  ② las telenovelas coreanas  ③ conectarme a internet
III  ① Internet - a, d
   ② televisión - c, f
   ③ agencia de prensa - b, e
IV  ① ⓑ  ② ⓐ  ③ ⓒ

⊙ 다음 단어를 찾아 보세요.

| | | | | | | |
|---|---|---|---|---|---|---|
| R | A | E | L | C | E | T | O |
| S | R | A | E | T | A | H | C |
| T | O | E | Q | S | M | O | I |
| I | A | I | U | C | C | A | L |
| T | O | R | A | D | I | O | B |
| S | I | E | R | B | O | S | U |
| V | G | R | A | B | A | R | P |
| T | E | N | R | E | T | N | I |

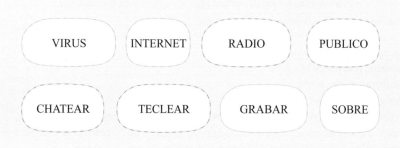

VIRUS    INTERNET    RADIO    PUBLICO

CHATEAR    TECLEAR    GRABAR    SOBRE

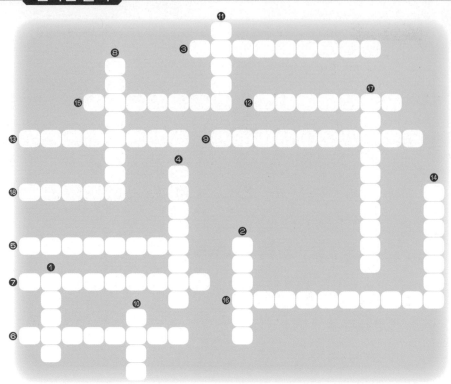

1. Persona que interpreta un papel en una obra de teatro o en una película.
2. Persona que utiliza pintura para su trabajo.
3. Persona que trabaja instalando o manteniendo intalaciones y/o conducciones de agua.
4. Persona que canta.
5. Sinónimo de preferida.
6. Persona que cocina.
7. Persona que pretende algo, como un cargo, premio o distinción.
8. Pacto o convenio entre dos personas que se obligan a su cumplimiento mutuamente.
9. Lista de los cargos, trabajos u honores que califican a alguien o algo.
10. Persona que manda.
11. Individuo de una sociedad o grupo de individuos.
12. Crecimiento o extensión de algo.
13. Red informática mundial formada por la conexión directa de computadoras.
14. Publicación periódica sobre temas diversos.
15. Publicidad visual o sonora sobre algún producto.
16. Programas de televisión de baja calidad.
17. Serie televisiva de género dramático.
18. Trozo pequeño de papel que sirve para enviar cartas y postales.

# Encuentro

만남

# 1 La manera y los lugares de contacto 만남의 방법과 장:

명사

□ cita

Ayer tuve una cita muy interesante con María.

나는 어제 마리아와 아주 좋은 만남을 가졌다.

참고 primera cita 첫 만남, 첫 번째 데이트
cita a ciegas 블라인드 데이트, 소개팅

데이트,
약속

---

□ afición

Mi afición favorita es montar en bicicleta.

내가 좋아하는 취미는 자전거 타기이다.

동의어 hobby

참고 dedicarse a un hobby 취미 생활을 하다

취미

---

□ sociedad de aficionados

Mi primo se ha inscrito en una sociedad de senderismo.

내 사촌은 하이킹 동호회에 가입했다.

참고 sociedad de aficionados a la danza
댄스 동호회

동호회

---

□ plaza

Hay un espectáculo de teatro en la plaza.

광장에서 연극 공연이 있어요.

광장

---

□ ciudad

Granada es una ciudad pequeña, pero muy bonita.

그라나다는 작은 도시이지만 아주 아름답다.

도시

---

□ avenida

Me gusta pasear por las avenidas de París.

나는 파리 거리에서 산책하는 것을 좋아한다.

대로,
넓은 길

---

□ calle

Mi calle favorita de Madrid es la Gran Vía.

마드리드에서 내가 좋아하는 길은 그란비아이다.

참고 calle principal 중심 거리
calle lateral 옆길

길, 거리

| | | |
|---|---|---|
| ☐ cruce de peatones | ¿Cómo se dice 'el cruce de peatones' en coreano?<br>'el cruce de peatones'를 한국어로 뭐라고 하지?<br>동의어 paso de cebra | 횡단보도 |
| ☐ acera | Hay mucho ruido en la calle porque están arreglando la acera.<br>인도 공사를 하고 있어서 길이 너무 시끄러워요. | 인도 |
| ☐ farola | Hubo un accidente con una bicicleta contra la farola.<br>자전거가 가로등에 부딪히는 사고가 있었다. | 가로등 |
| ☐ letrero | No vimos aquel letrero y nos perdimos.<br>우리가 저 간판을 못 봤어. 그래서 길을 잃어버렸어.<br>동의어 cartel | 간판 |
| ☐ cabina de teléfono | La cabina de teléfono de la calle no funciona.<br>거리의 공중전화가 망가졌어요(작동이 안 돼요). | 공중전화 |
| ☐ catedral | En España hay muchas catedrales bonitas.<br>스페인에는 아름다운 대성당이 많다.<br>참고 iglesia 성당, 교회 | 대성당<br> |
| ☐ oficina de correos | Esta tarde iré a la oficina de correos a comprar sellos.<br>오늘 오후에 나는 우표 사러 우체국에 갈 거야. | 우체국 |

☐ parque

Me gusta pasear por el parque con mi perro.
나는 강아지랑 공원 산책하는 것을 좋아해.

공원

☐ banco

Quiero cambiar de banco porque me cobran muchas comisiones.
나한테 수수료를 많이 청구해서 나는 은행을 바꾸고 싶어.

은행

참고 tarjeta de crédito 신용카드
libreta 통장
saldo 잔고
interés 이자
tarjeta de débito 직불카드
ahorro 저축
préstamo 대출

☐ estadio

El estadio Santiago Bernabéu es muy grande. Caben 80.000 personas.
산띠아고 베르나베우 경기장은 굉장히 커. 8만 명을 수용해.

경기장

☐ cafetería

Me gusta tomar café en la cafetería que está enfrente de mi oficina.
나는 내 사무실 앞에 있는 카페에서 커피 마시는 것을 좋아한다.

카페

동의어 café
참고 cibercafé 사이버 카페

☐ ayuntamiento

El ayuntamiento va a multar a los dueños de los perros que hagan caca en la calle.
시청에서는 길에서 똥 싸는 강아지의 주인에게 벌금을 물릴 겁니다.

시청

☐ rascacielos | En Seúl hay muchos rascacielos porque hay mucha densidad de población y poco espacio. | 마천루, 초고층건물

서울은 인구 밀도가 높고 공간이 작아 초고층 건물이 많다.

---

☐ templo | En Corea hay templos con mucha historia. | 절

한국에는 역사 깊은 절들이 있다.

---

☐ cine | A mi hermano menor no le gusta comer nada en el cine porque no quiere molestar a los demás. | 극장

내 동생은 다른 사람들을 방해하고 싶지 않다고 극장에서 먹는 것을 싫어한다.

참고 palomita 팝콘

---

☐ museo | Marisa va a menudo a los museos porque le interesa mucho la cultura. | 박물관

마리사는 문화에 관심이 많아 박물관에 자주 간다.

참고 museo nacional 국립박물관

---

☐ teatro | En el teatro había mucha gente. | (연극이나 오페라 등을 보는) 극장

극장에는 사람이 굉장히 많이 있었다.

---

☐ vacaciones | Este año iremos de vacaciones a la isla de Jeju. | 휴가

올해 우리는 제주도로 휴가를 갈 거야.

참고 ir de vacaciones 휴가를 가다
estar de vacaciones 휴가 중이다

---

## 관련 어휘

☐ primera impresión 첫인상          ☐ apariencia 외모

☐ hablador/a

Nunca le digo todo lo que pienso porque es demasiado hablador.

나는 절대 내가 생각하고 있는 것을 그 사람한테 말하지 않는다. 왜냐하면 그는 너무 수다스럽기 때문이다.

수다스러운

☐ suave

Gabriela tiene un carácter muy suave.

가브리엘라는 아주 다정한 성격이다.

다정한, 부드러운

☐ educado/a

Mi sobrino es un niño todavía, pero es muy educado.

내 조카는 아직 어린아이인데도 불구하고 굉장히 예의 바르다.

**동의어** modoso

**반의어** insolente 무례한

예의 바른

☐ sincero/a

Ser sincero es importante, pero a veces es conveniente mentir.

솔직한 것은 중요하다. 하지만 가끔은 거짓말을 하는 것이 더 나을 때도 있다.

**동의어** franco, honrado, honesto

솔직한

☐ presumido/a

Mi primo Juan es muy presumido, así que no me cae bien.

내 사촌 후안은 너무 잘난 체해서 내 마음에 안 들어.

**동의어** jactancioso, petulante, arrogante

잘난 체하는

☐ soberbio/a

Perdió a su novia por soberbia, no supo reconocer sus errores.

그는 교만하기 때문에 여자 친구가 떠났는데 자기의 잘못을 알지 못했다.

건방진, 교만한

| prudente | Siempre tenemos que ser prudentes.<br>우리는 항상 신중해야 해.<br>**동의어** cauteloso<br>**반의어** imprudente 경솔한 | 신중한,<br>조심스러운 |
|---|---|---|

| paciente | A todas las personas pacientes les llega su oportunidad.<br>인내하는 모든 사람에게는 기회가 찾아온다.<br>**반의어** impaciente, inquieto, impetuoso<br>조바심을 내는, 참을성이 없는 | 인내심이<br>있는 |
|---|---|---|

| perverso/a | No me fío de Ramón, me parece un hombre perverso.<br>나는 라몬을 신뢰하지 않아, 심술궂은 것 같아.<br>**동의어** malvado, maligno | 심술궂은,<br>못된 |
|---|---|---|

| curioso/a | Dicen que los niños curiosos suelen ser inteligentes cuando crecen.<br>호기심이 많은 아이는 보통 똑똑한 아이로 자란다고 한다. | 호기심이<br>많은 |
|---|---|---|

| sensible | Mi madre es muy sensible y le gusta ver películas románticas.<br>나의 엄마는 아주 감성적이어서 로맨틱 영화를 좋아하신다.<br>**동의어** delicado, impresionable | 민감한,<br>예민한 |
|---|---|---|

| enfadado/a | Parece que Luis está enfadado, ¿le pasó algo?<br>루이스가 화난 것 같아. 무슨 일 있었어?<br>**동의어** enojado, indignado, irritado | 화난,<br>짜증난 |
|---|---|---|

☐ impresionante | Usain Bolt volvió a ganar los 100 metros lisos; fue impresionante. | 감동적인

우사인볼트가 100미터 달리기에서 또다시 우승을 했다; 감동적이었다.

`동의어` emocionante

---

☐ estresado/a | Gracias a su nuevo trabajo, Pepe vive menos estresado ahora. | 스트레스를 받은

새 직장 덕분에 뻬뻬는 요즘 스트레스를 덜 받으면서 산다.

---

☐ decepcionante | Tu comportamiento fue muy decepcionante. | 실망한, 기대에 어긋난

너의 행동은 아주 실망스러웠어.

`동의어` frustrado

`반의어` contento 만족한

---

☐ vergonzoso/a | El policía insultó a aquel chico y me pareció vergonzoso. | 부끄러운

경찰이 저 남자 아이를 모욕했고 나는 그 행동이 부끄럽게 느껴졌다.

---

☐ envidioso/a | Su hermano mayor sacó mejores notas, pero él nunca se puso envidioso. | 질투하는

형이 좋은 점수를 받았지만 그는 결코 질투하지 않았다.

`동의어` celoso

---

☐ seductivo/ seductor/a | Pedro era un seductor hasta que conoció a Isabel y dejó de serlo. | 유혹적인, 유혹하는 사람

이사벨을 알기 전까지 뻬드로는 여자들을 유혹하고 꾀는 남자였지만 이젠 아니다.

# 1 La manera y los lugares de contacto 만남의 방법과 장소

| | | |
|---|---|---|
| ☐ presentar | Te quiero presentar a mi amiga Marta, seguro que te gusta.<br><br>너한테 내 친구 마르따를 소개해 주고 싶어, 틀림없이 네가 좋아할 거야. | 소개하다,<br>추천하다 |
| ☐ conocer | Conocemos a los padres de Micaela, son muy jóvenes.<br><br>우리는 미카엘라의 부모님을 아는데, 그들은 굉장히 젊으셔.<br><br>**참고** saber (지식 등을)알다 | 알다 |
| ☐ caer bien | La profesora de español es simpática y nos cae muy bien.<br><br>스페인어 선생님은 상냥하시다. 그래서 우리는 선생님이 마음에 든다. | 마음에 들다 |
| ☐ averiguar | Mañana tengo que ir al instituto a averiguar las notas de matemáticas.<br><br>나는 내일 수학 성적을 확인하러 학교에 가야만 해. | 조사하다 |
| ☐ decidir | Decidimos viajar a la isla de Jeju.<br><br>우리는 제주도로 여행하기로 결정했다. | 결정하다 |
| ☐ salir con alguien | Susi ha salido con muchos chicos, pero no ha encontrado a ninguno interesante.<br><br>수시는 여러 명의 남자들과 데이트를 했지만 마음이 끌리는 사람을 한 명도 만나지 못했다. | (~와) 데이트를 하다 |
| ☐ iniciar | Para iniciar el ordenador, debes presionar ese botón verde.<br><br>컴퓨터를 시작하려면 그 초록색 버튼을 눌러야만 한다. | 시작하다 |

| conversar | A mis padres les gusta conversar sentados en la terraza por las noches. | 대화하다 |
| | 나의 부모님은 밤에 테라스에 앉아서 대화하는 것을 좋아하신다. | |
| | 참고 charlar 담소하다 | |

| pasear por el parque | Saco a mis perros a pasear por el parque todos los días. | 공원을 산책하다 |
| | 나는 매일 공원을 산책하기 위해 강아지를 데리고 나간다. | |

| invitar a comer | Roberto nos invitó a comer cuando supo que había ganado el premio. | 식사에 초대하다 |
| | 로베르또는 상 받은 것을 알고 우리를 식사에 초대했다. | |

| ir al partido (deportivo) | Mañana iremos al partido de fútbol, ¿te apetece venir? | (스포츠) 경기를 보러 가다 |
| | 우리 내일 축구장에 갈 건데, 너도 가고 싶니? | |

| seducir | No me seduce mucho ir a ese concierto, no me gusta la música pop. | 유혹하다, 꾀다 |
| | 그 음악회에 가고 싶지 않아, 나는 팝 음악이 싫어. | |

| coquetear | He visto a la secretaria coquetear con el jefe. | 아양 떨다, 교태 부리다 |
| | 나는 비서가 상사에게 아양 떠는 것을 봤다. | |

| estresarse | No quiero estresarme con el trabajo, por eso voy a tomarme unas vacaciones. | 스트레스를 받다 |
| | 나는 일 때문에 스트레스받고 싶지 않아, 그래서 휴가를 받으려고 해. | |

# 1 La manera y los lugares de contacto 만남의 방법과 장소

☐ impresionar

Silvio quiere impresionar a su mujer y por eso le ha comprado esos zapatos.

실비오가 부인을 감동시키고 싶어서 그 신발을 샀다.

감동시키다, 놀라게 하다

---

☐ frustrar

Cuando supe la nota del examen de Biología, me frustré bastante.

생물 시험 점수를 알았을 때, 나는 좌절했다.

실패하게 하다

---

☐ enfadar

No hagas enfadar al abuelo porque está delicado del corazón.

심장이 약하시니까 할아버지를 화나게 하지 마.

화나게하다

---

☐ mentir

Castigaron a su hijo sin ver la televisión porque mintió.

그의 아들이 거짓말을 해서 TV를 보지 못하도록 벌을 줬다.

거짓말하다

---

☐ envidiar

Debemos conformarnos con lo que tenemos y no envidiar a los demás.

우리가 가지고 있는 것에 순응하고 다른 사람들을 부러워하지 말아야 돼.

질투하다, 부러워하다

---

☐ avergonzar

No me gusta avergonzar a mis alumnos delante de sus compañeros.

나는 내 학생들이 자신의 친구들 앞에서 수치심 느끼는 것이 싫어.

수치를 느끼게 하다

---

☐ suavizar

Para suavizar mi piel, utilizo esta crema.

피부를 부드럽게 하기 위해, 나는 이 크림을 사용한다.

부드럽게 하다, 온화하게 하다

---

I 〈보기〉를 참고하여 단어를 올바르게 배열하세요.

① SOCOERR _____

② SICENRO _____

③ ENIC _____

④ TEUDENPR _____

⑤ ACIENRIPAA _____

**보기**

CORREOS    CINE    APARIENCIA
SINCERO    PRUDENTE

II 빈칸에 알맞은 말을 써 넣으세요.

① En España no son habituales las _____ _____ _____ .
스페인에서는 블라인드 데이트가 일반적이지 않다.

② En España hay muchas _____ bonitas.
스페인에는 아름다운 대성당이 많이 있다.

③ _____ _____ _____ _____ de la calle no funciona.
거리의 공중전화가 망가졌어요(작동이 안 돼요) .

III 밑줄 친 형용사를 뜻이 통하는 다른 말로 쓰세요.

① Luis siempre está de mal humor, parece que está *enfadado* con el mundo.

( )

② Mi madre es muy *sensible* y le gusta ver películas románticas

( )

③ No me fío de Ramón, me parece un hombre *perverso*.

( )

IV 질문에 알맞은 답을 고르세요.

① ¿Dónde se comen palomitas? ( )

② ¿Para chequear el saldo, adónde vamos? ( )

③ ¿Adónde vamos para mandar el correo certificado? ( )

ⓐ cine    ⓑ oficina de correos

ⓒ banco   ⓓ ciudad

ⓔ estadio

⊙ 다음 단어를 찾아 보세요.

```
K  P  A  R  Q  U  E  H
U  N  O  I  C  I  F  A
S  T  O  R  T  A  E  T
M  S  N  A  T  K  X  C
M  U  S  E  O  O  T  A
B  A  N  C  O  M  X  L
E  V  N  O  A  S  K  L
S  E  N  S  I  B  L  E
```

| CALLE | BANCO | AFICION | PARQUE |
| --- | --- | --- | --- |
| TEATRO | MUSEO | SUAVE | SENSIBLE |

# 2 Viaje 여행

Pista 14

## 명사

☐ **viaje**

Vamos a hacer el mismo viaje que el año pasado.

우리는 작년과 똑같은 여행을 할 거야.

참고 viaje al extranjero 해외 여행
viaje organizado 패키지 여행
viaje con mochila 배낭 여행

여행

---

☐ **mar**

Me gusta el mar cuando está tranquilo.

나는 바다가 잔잔할 때가 좋아.

바다

---

☐ **montaña**

En Seúl hay muchas montañas bonitas.

서울에는 아름다운 산이 많다.

산

---

☐ **playa**

España tiene muchas playas de arena fina y blanca.

스페인에는 곱고 하얀 모래가 있는 해변이 많다.

해변

---

☐ **piscina**

Voy a ir un rato a la piscina porque tengo calor.

나는 더워서 잠시 수영장에 갈 거야.

참고 piscina cubierta 실내 수영장
piscina al aire libre 야외 수영장

수영장

---

☐ **zoo**

A mi hijo le gusta ir al zoo.

내 아들은 동물원에 가는 것을 좋아한다.

동의어 parque zoológico

동물원

---

☐ **isla**

Me da muchos recuerdos el viaje a la isla Pascua.

빠스꾸아 섬에 여행 간 것이 기억에 많이 남는다.

참고 península 반도

섬

| senderismo | Empecé a practicar senderismo por consejo de mi médico<br>나는 주치의의 권유로 하이킹을 하기 시작했다. | 하이킹 |
|---|---|---|
| alojamiento | Antes de salir de viaje, hay que chequear bien el alojamiento.<br>여행을 떠나기 전에 숙박을 잘 체크해야 한다.<br>**참고** alojamiento y desayuno(AD) 숙박과 조식 제공<br>media pensión (MP) 숙박과 두 끼 식사(일반적으로 조식, 석식) 제공<br>pensión completa (PC) 숙박과 세 끼 식사 제공<br>tienda de campaña 텐트 | 숙박 |
| hotel | ¿Cuánto tiempo vas a quedarte en este hotel?<br>이 호텔에서 며칠이나 머무를 예정이야?<br>**참고** hostal 작은 호텔<br>mansión 저택<br>pensión 여인숙 | 호텔 |
| albergue juvenil | La forma más barata de alojamiento es ir a un albergue juvenil.<br>가장 싼 숙박의 형태는 유스호스텔에 가는 것이다. | 유스호스텔 |
| zona de acampada | No está permitido hacer fuego en la zona de acampada.<br>캠프장에서 불 피우는 것은 허용되지 않습니다.<br>**참고** camping 캠핑, 캠프, 야영지<br>saco de dormir 침낭 | (화장실, 식수 등이 갖춰진) 야영지, 캠프장 |
| vestíbulo | Puedes dejar tu abrigo en el armario del vestíbulo.<br>너는 로비에 있는 옷장에 코트를 걸어 놓으면 돼. | 로비, 현관 |

| aparcamiento | ¿Hay aparcamiento?<br>주차장이 있나요?<br>동의어 estacionamiento, parking | 주차(장) |
|---|---|---|

| reserva | Tengo una reserva a nombre de Juan Carlos.<br>후안 까를로스 이름으로 예약했습니다. | 예약 |
|---|---|---|

| medio de transporte | En Corea tenemos muy buen sistema de transporte público.<br>한국은 대중교통 시스템이 아주 잘 되어 있습니다.<br>동의어 medios de locomoción | 교통 수단 |
|---|---|---|

| autobús | Todos los días tomo el autobús para ir al trabajo.<br>나는 매일 직장에 가기 위해 버스를 탄다.<br>참고 metro/taxi/avión/bicicleta/barco<br>지하철/택시/비행기/자전거/배<br>tomar el metro/autobús/taxi /avión<br>지하철/버스/택시/비행기를 타다<br>montar en bicicleta 자전거를 타다<br>ir en metro/autobús/taxi/barco/avión<br>지하철/버스/택시/배/비행기를 타고 가다<br>ir a pie/a caballo 걸어가다/말 타고 가다 | 버스 |
|---|---|---|

| parada de autobús | ¿Hay paradas de autobús por aquí cerca?<br>이 근처에 버스 정류장이 있습니까? | 버스정류장 |
|---|---|---|

| estación de metro | Vamos caminando a la estación de metro Jong Gak.<br>우리는 종각 지하철역에 걸어서 갑니다. | 지하철역 |
|---|---|---|

| | | |
|---|---|---|
| ☐ boca de metro | Nos vemos en la boca de metro.<br>지하철 입구에서 만나자.<br>동의어 entrada 입구<br>참고 salida 출구 | 지하철입구 |
| ☐ dirección | La dirección estaba mal señalada.<br>방향이 잘못 표시되어 있었다.<br>참고 a la derecha de ~의 오른쪽에<br>a la izquierda de ~의 왼쪽에<br>al lado de ~의 옆에<br>delante de ~의 앞에<br>detrás de ~의 뒤에<br>cerca de ~에서 가까이<br>lejos de ~에서 멀리<br>todo derecho, todo recto 계속 직진 | 방향 |
| ☐ vuelo | Los pasajeros para el vuelo a Madrid se deben dirigir a la puerta cinco.<br>마드리드 가는 비행 편을 타시는 승객들은 5번 게이트로 가셔야 합니다.<br>참고 de altos vuelos / de mucha importancia<br>아주 중요한 | (비행기의)<br>편, 비행 |
| ☐ cinturón de seguridad | Por favor, mantengan el cinturón de seguridad abrochado durante el viaje.<br>여행하시는 동안에는 안전벨트를 계속해서 매고 계시기 바랍니다. | 안전벨트 |
| ☐ tarjeta de embarque | ¿Tiene su tarjeta de embarque?<br>탑승권을 가지고 계십니까? | 탑승권 |
| ☐ equipaje de mano | Solo están permitidas dos piezas de equipaje de mano.<br>단 두 개의 수하물만 휴대 가능합니다. | 휴대 가능<br>수하물 |

| □ tarifa | Las tarifas de los aviones suben en la temporada alta.<br>성수기에는 비행기 요금이 오른다. | 가격, 요금 |
|---|---|---|
| □ billete | ¿Dónde puedo comprar el billete para Busan?<br>부산행 표는 어디서 살 수 있나요?<br>동의어 pasaje 표, 티켓<br>참고 billete de ida y vuelta 왕복표<br>billete sencillo 편도 | 표, 티켓 |
| □ mostrador de facturación | El mostrador de facturación está en la planta de abajo.<br>탑승 수속 창구는 아래층에 있습니다. | 체크인 카운터 |
| □ ventanilla | ¿Qué asiento prefiere, pasillo o ventanilla?<br>어떤 자리가 좋으세요, 복도 쪽이요, 아니면 창가 쪽이요? | 창문, 창구 |
| □ pasaporte | ¿Puedo ver su pasaporte, por favor?<br>여권 좀 볼 수 있을까요?<br>참고 la visa / el visado 비자 | 여권 |
| □ seguro de viaje | Todos los billetes de esta compañía incluyen un seguro de viaje.<br>이 회사의 표는 모두 다 여행자 보험이 포함되어 있습니다. | 여행자보험 |
| □ puerta de embarque | ¿Puede decirme dónde es la puerta de embarque?<br>탑승 게이트가 어디인지 알려 주시겠습니까? | 탑승게이트 |

- ☐ sala de embarque 출발 라운지
- ☐ sala de llegada 도착장
- ☐ terminal 터미널
- ☐ vagón 차량
- ☐ pista 활주로, 트랙, 단서
- ☐ túnel 지하도, 굴, 터널
- ☐ velocidad
  속도, (자동차 등의) 변속 장치, 기어
- ☐ intersección 교차로
  동의어 cruce
- ☐ infracción de tráfico 교통 위반

- ☐ placa 번호판
- ☐ volante 핸들
- ☐ taller 정비공장
- ☐ atasco 교통체증
  동의어 embotellamiento tráfico
- ☐ hora pico 러시아워
  동의어 la hora punta
- ☐ pasajero (배, 열차, 기차 등의) 승객
- ☐ andén (역의) 승강장, 플랫폼
- ☐ alarma de incendio 화재 경보기

## 형용사/동사

☐ reservar

Reservamos una habitación doble en ese hotel hace dos meses.

우리는 두 달 전에 그 호텔 2인실을 예약했어.

예약하다

---

☐ confirmar

Tenemos que llamar a la aerolínea para confirmar el vuelo.

비행 편을 확인하기 위해 우리는 항공사에 전화해야 돼.

확인하다

---

☐ registrarse en el hotel

Antes de subir a la habitación, debéis registraros en el hotel.

너희들은 방으로 올라가기 전에 체크인해야 된다.

참고 abandonar el hotel 호텔에서 체크아웃하다

호텔에서 체크인하다

---

☐ alojarse

No necesitamos hotel, nos vamos a alojar en casa de Lucía.

우리는 호텔이 필요 없어요, 루시아의 집에 투숙할 예정이거든요.

동의어 hospedarse

투숙하다

---

☐ aparcar

No me gustaría vivir en el centro porque es muy difícil aparcar.

나는 주차하기 어려워서 시내에 살고 싶지 않아.

동의어 estacionar

주차하다

---

☐ anular

Si anulamos la reserva, tendremos que pagar algo de dinero.

우리가 예약을 취소하면 위약금을 조금 내야 돼요.

동의어 cancelar

취소하다

| | | |
|---|---|---|
| ☐ hacer un viaje | Siempre hago un viaje en verano por las vacaciones.<br>휴가 때문에 나는 항상 여름에 여행한다.<br>동의어 viajar | 여행하다 |
| ☐ embarcar | ¿A qué hora tienes que embarcar en el avión?<br>너는 몇 시에 비행기에 탑승해야 돼? | (비행기, 배에) 승선하다, 탑승하다 |
| ☐ hacer escala | El viaje es largo y haremos una escala en Dubái.<br>긴 여행이라 우리는 두바이에서 머물렀다 갈 겁니다. | (긴 여정중) ~에서 머무르다, 경유하다 |
| ☐ aterrizar | Había mucho viento y tuvimos problemas para aterrizar.<br>바람이 너무 불어서 착륙하는 데 문제가 있었습니다.<br>반의어 despegar 이륙하다 | 착륙하다 |
| ☐ atropellar | En esta carretera hay que ir despacio porque podemos atropellar a algún animal.<br>이 도로에서는 동물과 부딪힐 수 있기 때문에 천천히 가야 한다. | (사람이나 동물을) 치다 |
| ☐ cruzar | Si queremos llegar a casa, debemos cruzar el puente.<br>집에 가려면, 우리는 다리를 건너야 해요. | 건너다 |
| ☐ montar | A Pedro no le gusta montar en avión, prefiere viajar en coche.<br>뻬드로는 비행기 타는 것을 싫어하고 차로 여행하는 것을 더 좋아한다. | 타다, 올라타다 |

☐ multar

La policía me multó por no respetar la velocidad.

경찰이 속도를 준수하지 않았다고 나에게 교통위반 딱지를 떼었다.

(누구에게)
벌금을
물리다

---

☐ navegar

Jesús alquiló un barco y estuvo navegando toda la tarde.

헤수스는 배를 빌려서 오후 내내 항해했다.

항해하다

---

☐ volar

La mejor manera de ir a Argentina es volando en avión.

아르헨티나에 가는 가장 좋은 방법은 비행기를 타고 가는 것이다.

날다

---

☐ hacer las maletas

¿Cómo puedo hacer las maletas para viajar?

여행 가방은 어떻게 싸야 하나요?

참고 deshacer las maletas 가방을 풀다

가방을 싸다

---

☐ recoger las maletas

Para salir rápido, tenemos que recoger las maletas ahora.

일찍 나가려면, 우리는 지금 짐을 챙겨야만 해요.

참고 perder las maletas 짐을 잃어버리다

짐을 챙기다

---

☐ declarar

A: ¿Tiene usted algo que declarar?

B: No, no tengo nada que declarar.

A: 신고하실 거 있으신가요?

B: 아니요, 신고할 어떤 것도 없습니다.

신고하다,
선언하다

---

☐ pasárselo bien

Me lo pasé bien con los niños en Navidad.

나는 크리스마스 때 아이들과 너무 잘 지냈어.

참고 pasárselo mal 잘 못 지내다

잘 지내다

---

☐ descansar

No trabaje mucho y descanse un poco.

너무 많이 일하지 마시고 휴식을 조금 취하세요.

휴식을
취하다

---

☐ recorrer

Viajando por Europa, recorrí muchas callejuelas.

유럽 여행을 하면서 나는 골목골목을 다 돌아다녔다.

(구석구석)
돌아다니다

---

☐ estar perdido

Estamos perdidos, ¿puede ayudarnos?

길을 잃어버렸는데요, 우리 좀 도와주실 수 있으세요?

길을 잃다

---

☐ facturar el equipaje

Esta maleta es demasiado grande y debes facturarla.

이 가방은 너무 커서 부쳐야 돼.

짐을 수하
물로 접수
시키다

Ⅰ 〈보기〉를 참고하여 단어를 올바르게 배열하세요.

① SLIA _____

② AYAPL _____

③ VESBUOLTÍ _____

④ GUEERBAL _____

⑤ RISOMDESNE _____

보기

SENDERISMO    ISLA    PLAYA
ALBERGUE    VESTÍBULO

Ⅱ 빈칸에 알맞은 말을 쓰세요.

① Me lo _____ _____ con los niños en Navidad.

나는 크리스마스 때 아이들과 너무 잘 지냈어.

② ¿_____ _____ puede ayudarnos?

길을 잃어버렸는데요, 우리 좀 도와주실 수 있으세요?

③ No trabaje mucho y _____ un poco.

너무 많이 일하지 마시고 휴식을 조금 취하세요.

Ⅲ 다음 그림에 해당하는 단어를 찾아 쓰세요.

> montaña    cinturón de seguridad    piscina
> boca de metro    autobús    billete

①

la _____

②

la _____

③

el _____

④

el _____

⑤

la _____

⑥

el _____

Ⅳ 다음 설명에 해당하는 단어를 쓰세요.

① En la calle hay mucho tráfico.　　　　　　　　　　　( 　　 )

② Si se pierde, puede encontrarse con alguien en este lugar.　( 　　 )

③ Un documento personal que es necesario para viajar por algunos países. ( 　　 )

---

정답

Ⅰ　① isla　② playa　③ vestíbulo　④ albergue　⑤ senderismo

Ⅱ　① pasé bien　② Estamos perdidos　③ descanse

Ⅲ　① montaña　② piscina　③ billete　④ autobús　⑤ boca de metro　⑥ cinturón de seguridad

Ⅳ　① atasco/embotellamiento　② lugar de encuentro　③ pasaporte

◉ 다음 단어를 찾아 보세요.

| V | O | K | D | H | E | M | C |
|---|---|---|---|---|---|---|---|
| N | S | M | P | O | S | Ñ | V |
| I | U | O | I | T | T | E | M |
| Q | B | L | S | E | A | S | T |
| X | O | E | C | L | C | A | O |
| Z | T | U | I | Z | I | B | R |
| T | U | V | N | S | O | C | A |
| R | A | Ñ | A | T | N | O | M |

| MAR | MONTAÑA | PISCINA | ZOO |
|-----|---------|---------|-----|

| HOTEL | AUTOBUS | ESTACION | VUELO |
|-------|---------|----------|-------|

Pista 15

## 명사

☐ **comida** · La comida coreana es un poco picante, pero me encanta. · 음식

한국 음식은 조금 맵지만 나는 너무 좋아한다.

참고 comida familiar 가정식

☐ **desayuno** · Tomo el desayuno ligero. · 아침

나는 아침을 가볍게 먹는다.

참고 cereales 시리얼
copos de maíz 콘플레이크

☐ **almuerzo** · Siempre almuerzo con mi madre porque ella está sola. · 점심

나는 엄마가 혼자 계셔서 항상 엄마와 점심을 같이 먹는다.

☐ **merienda** · Mis hijos meriendan un poco de fruta y un yogurt. · 간식

나의 아이들은 과일 조금하고 요구르트를 간식으로 먹는다.

☐ **cena** · Te voy a invitar a cenar en un restaurante italiano. · 저녁

나는 저녁 식사에 너를 이탈리안 식당으로 초대하려고 해.

☐ **menú** · El menú de este restaurante es muy bueno y barato. · 메뉴

이 식당의 메뉴는 맛있고 저렴하다.

☐ **aperitivo** · Mañana viene Tomás a tomar el aperitivo a mi casa. · 애피타이저, 전채요리

내일 토마스가 애피타이저 먹으러 우리 집에 와.

동의어 entrante

☐ primer plato

De primer plato quiero tomar una ensalada.
첫 번째 요리로는 샐러드를 먹고 싶습니다.

참고 ensalada 샐러드
sopa 수프
caldo 육수

첫 번째
요리

---

☐ segundo
plato

Normalmente pido carne de segundo plato.
일반적으로 메인 요리로는 고기를 시킨다.

동의어 plato principal

참고 paella 빠에야     carne asada 구운 고기
filete de ternera 소고기 스테이크

메인 요리

---

☐ acompañamiento

Prefiero tomar ensalada en vez de patatas
como acompañamiento.
나는 사이드 디시로 감자보다는 샐러드를 선호해.

사이드디시

---

☐ postre

Tengo recetas de postres caseros variados.
나는 집에서 만드는 다양한 후식의 레시피가 있다.

참고 para postre 게다가, 설상가상으로
helado de chocolate 초코 아이스크림
fruta de tiempo 계절 과일

후식

---

☐ pan

A Gorka le gusta el pan, pero no puede
comerlo por el glúten.
고르까는 빵을 좋아하는데 글루텐 때문에 먹을 수 없어.

참고 pistola / barra de pan 바게트 빵
rebanada de pan (식빵처럼) 얇게 잘라 놓은 빵

빵

---

☐ pastel

El pastel favorito de mi tío es el de fresas
con nata.
나의 삼촌이 좋아하는 케이크는 생크림 딸기 케이크이다.

참고 tarta 파이

케이크

☐ fruta

Hay que comer fruta todos los días para tener buena salud.

과일

건강을 위해서는 매일 과일을 먹어야 한다.

참고 manzana 사과       uvas 포도
      fresa 딸기          sandía 수박
      plátano 바나나       pina 파인애플
      melón 멜론          melocotón 복숭아
      naranja 오렌지

☐ café

No debes tomar tanto café porque es muy malo para la tensión.

커피

너는 커피를 그렇게 많이 마시지 않아야 돼. 왜냐하면 혈압에 아주 나쁘거든.

참고 café con leche 밀크 커피
      café con hielo 냉커피
      café solo 블랙커피

☐ alcohol

El médico le dijo a Juan Carlos que dejara de tomar alcohol.

알코올,
주류

의사가 후안 까를로스에게 술을 끊으라고 했다.

☐ cerveza

La cerveza es buena si se toma con moderación.

맥주

적당히 마시면 맥주는 좋다.

참고 caña 생맥주

☐ vino

A Julio le gusta tomar una copa de vino con las comidas.

포도주

훌리오는 식사하면서 포도주 한 잔 마시는 것을 좋아한다.

참고 vino de la casa 하우스 와인
      vino tinto 적포도주
      vino blanco 백포도주
      vino rosado 로제 와인

□ infusión

Normalmente tomo una infusión en la merienda.

나는 평소에 간식으로 차를 마신다.

참고 manzanilla 카모마일    té 차    té verde 녹차

우려낸 차

□ agua

Dicen que cada día tenemos que tomar dos litros de agua.

매일 2리터의 물을 마시는 것이 좋다고 한다.

참고 agua mineral 미네랄 워터
agua del grifo 수돗물

관용어 como pez en el agua
아주 편안한, 물 만난 물고기
estar con el agua al cuello 어려움이 많다

물

□ cuenta

Camarero, traiga la cuenta, por favor.

웨이터, 계산서 좀 갖다 주세요.

계산서

□ propina

En España no es obligatorio dar propina, pero en Estados Unidos sí lo es.

스페인에서는 팁을 의무적으로 꼭 줘야 하는 것은 아닌데 미국에서는 그렇다.

팁

□ vegetariano/a

Mi amigo Toni es vegetariano desde hace 7 años. No come nada de carne.

내 친구 토니는 7년 전부터 채식주의자이다. 육류는 전혀 먹지 않는다.

참고 carnívoro/a 육식주의자

채식주의

□ ingrediente

Siempre leo los ingredientes antes de comprar cualquier comida.

나는 어떤 음식이든지 사기 전에 성분을 확인한다.

참고 sal 소금          aceite 기름
pimienta 후추      vinagre 식초
azúcar 설탕

성분, 재료

☐ carne

Es importante comer carne de vez en cuando para estar sanos.

건강하려면 가끔씩 고기를 먹는 게 중요하다.

> 참고 carne de vaca 소고기
> carne de pollo 닭고기
> carne de cerdo 돼지고기
> pavo 칠면조
> pato 오리 / pato ahumado 훈제오리
> cordero 양

고기

---

☐ pescado

Mi pescado favorito es el atún, es sabroso y saludable.

내가 좋아하는 생선은 참치인데, 맛있고 몸에 좋다.

> 참고 atún 참치          salmón 연어
> sardina 정어리      caballa 고등어
> bacalao 대구

생선

---

☐ mariscos

Mi primo Manuel no puede comer mariscos porque es alérgico.

내 사촌인 마누엘은 알레르기 때문에 해산물을 못 먹는다.

> 참고 ostra 굴              cangrejo 게
> gamba, camarón 새우   mejillones 홍합
> calamares 오징어       langosta 랍스터

해산물

---

☐ vegetales

A Raúl le gustan los vegetales crudos como el tomate o las zanahorias.

라울은 토마토나 당근 같은 생 야채를 좋아한다.

> 참고 lechuga 상추
> cebolla 양파
> calabacín, calabaza 호박
> repollo 양배추
> zanahoria 당근
> guisantes 완두콩
> berenjena 가지

야채

☐ productos
lácteos

No me gustan los productos lácteos porque
me sientan mal.

나한테는 유제품이 잘 안 맞아서 나는 유제품을 싫어한다.

참고 mantequilla 버터    queso 치즈
margarina 마가린    leche 우유
helado 아이스크림

유제품

---

☐ sopa

Los coreanos toman mucha sopa.

한국 사람들은 국을 많이 먹는다.

참고 gazpacho 가스빠쵸(스페인 사람들이 먹는 냉 수프)

수프, 국

---

## 관련 어휘

☐ menú del día 오늘의 요리

☐ patatas fritas 감자튀김

☐ cereales 시리얼

☐ maíz 옥수수

☐ miel 꿀
참고 luna de miel 허니문

☐ mermelada 잼

☐ harina 밀가루

☐ fideos 국수
동의어 tallarines

☐ arroz 쌀

☐ cacahuete, maní 땅콩

☐ nuez 호두

☐ galletas 비스킷, 쿠키

☐ aceituna 올리브

☐ receta 조리법, 요리법

☐ sabor 맛, 풍미
참고 picante 매운

salado 짠

dulce 단, 감미로운

amargo 쓴

ácido 신

☐ borracho/a 술꾼
참고 estar borracho 술에 취해 있다

resaca 숙취

☐ sabroso

La comida coreana es sabrosa.

한국 음식은 맛있다.

**동의어** rico, delicioso, exquisito

**참고** suave, tierno 연한, 부드러운
fresco 신선한
soso 싱거운, 맛이 없는
condimentado, sazonado 맛을 낸, 양념을 한
grasiento 기름기가 많은, 지방이 많은
crujiente 파삭파삭한
poco hecho 살짝 익힌
bien hecho 잘 익힌

맛있는

☐ pedir la comida

Voy a pedir la comida ahora mismo porque tengo mucha hambre.

나는 배가 고파서 지금 당장 음식을 주문할 거야.

음식을 주문하다

☐ recomendar

Suso fue a ese restaurante porque lo recomendaban en una revista.

수소는 잡지에서 추천한 그 음식점에 갔다.

추천하다

☐ servir

Es de buena educación servir primero a los invitados.

손님에게 먼저 음식을 드리는 것이 예의이다.

음식을 내오다, 시중 들다

☐ saborear

Germán come tan rápido que parece que no saborea los alimentos.

헤르만은 음식을 너무 빨리 먹는 걸로 봐서 음식 맛을 음미하지 않고 먹는 거 같아.

맛을 음미하다, 맛을 내다

☐ buen provecho

¡Buen provecho! Gracias.

맛있게 드세요! 고맙습니다.

`동의어` ¡Que aproveche!

맛있게
드세요

---

☐ chuparse los dedos

Valeria hace unas tartas para chuparse los dedos.

발레리아는 맛있는 파이들을 만든다.

(입맛 당기
게 아주)
맛있다

---

☐ tomar una copa

Si quieres, quedamos luego y tomamos una copa.

네가 괜찮으면, 우리 나중에 만나서 술 한잔하자.

`동의어` beber una copa

`참고` ir de copas (술) 한잔하러 가다

(술) 한잔
하다

Ⅰ 〈보기〉를 참고하여 단어를 올바르게 배열하세요.

① CEATER _____

② ANIPROP _____

③ APOS _____

④ CEHEL _____

⑤ ODAASL _____

PROPINA     SOPA     RECETA

LECHE     SALADO

Ⅱ 빈칸에 알맞은 말을 써 넣으세요.

① Voy a _____ _____ _____ ahora mismo porque tengo mucha hambre.

나는 배가 고파서 지금 당장 음식을 주문할 거야.

② Suso fue a ese restaurante porque lo _____ en una revista.

수소는 잡지에서 추천한 그 음식점에 갔다.

③ Si quieres, quedamos luego y _____ _____ _____.

네가 괜찮으면, 우리 나중에 만나서 술 한잔하자.

Ⅲ 넷 중에서 성격이 다른 하나를 고르세요.

① manzana     berenjena    piña       melón

② sopa        ensalada     gazpacho    plato principal

③ azúcar      sal          aceite       agua

Ⅳ 다음 그림에 해당하는 단어를 쓰세요.

①           ②           ③           ④

⊙ 다음 단어를 찾아 보세요.

| A | S | E | R | F | C | P | D |
|---|---|---|---|---|---|---|---|
| S | A | D | I | M | O | C | D |
| U | N | M | V | S | X | E | N |
| I | O | U | T | Q | T | N | E |
| M | O | R | N | A | F | A | F |
| S | E | E | T | L | Ñ | S | A |
| V | H | A | R | I | N | A | C |
| N | K | A | P | O | S | T | O |

SOPA     COMIDA     CENA     POSTRE

FRESA     HARINA     CAFE     PIÑA

# 4 Ir de compras 쇼핑하기

## 명사

| 　 | 　 | 　 |
|---|---|---|
| ☐ centro comercial | Van a abrir un centro comercial muy grande cerca de la casa de mi abuela.<br>나의 할머니 댁 근처에 대형 쇼핑몰을 개장할 거야. | 쇼핑몰 |
| ☐ grandes almacenes | Para comprar los regalos de Navidad solemos ir a los grandes almacenes.<br>크리스마스 선물을 사러 우리는 백화점에 가곤 한다. | 백화점 |
| ☐ tienda | Vamos a ir a la tienda, ¿quieres algo?<br>우리는 가게에 갈 건데, 너 필요한 거 있어?<br>참고 zapatería 신발 가게<br>librería 서점<br>juguetería 장난감 가게<br>pescadería 생선 가게 | 가게, 상점 |
| ☐ escaparate | Hola, me gustaría que me enseñara la camiseta que hay en el escaparate, por favor.<br>안녕하세요, 진열장에 있는 셔츠를 보고 싶은데요. | 진열장, 쇼케이스 |
| ☐ cesta | No debes poner nunca todos los huevos en la misma cesta.<br>너는 모든 계란을 한 바구니에 넣지 말아야 해. | 바구니 |
| ☐ probador | Me gustaría ir al probador para ver qué tal me quedan estos pantalones.<br>이 바지가 나에게 어떤지(잘 어울리는지) 보기 위해 탈의실에 가 볼게요. | 탈의실 |
| ☐ cambio | Bajando del taxi, le dejamos el cambio al taxista.<br>택시에서 내리면서 우리는 택시 운전사에게 거스름돈을 주었다. | 거스름돈 |

## queja

No me vengas con esa queja.

나한테 그런 불평하지 마.

불만, 불평

## ropa

A Javi le gusta la ropa ancha porque dice que es más cómoda.

하비는 헐렁한 옷을 좋아하는데 왜냐하면 더 편안해서래.

**동의어** vestido, traje, prenda

**참고** tienda de ropa 옷 가게
tienda de complementos 악세서리 가게
butique 부티크

옷

## chaqueta

Esa chaqueta es impermeable y sirve para cuando llueve.

그 재킷은 방수가 되어서 비올 때 입는 거야.

재킷

## camisa

Métete la camisa por dentro de los pantalones, estarás más elegante.

(너는) 셔츠를 바지 안으로 넣어 입으면 훨씬 멋질 거야.

**참고** camiseta 티셔츠
camisa de rayas 줄무늬 티셔츠
camisa de cuadros 체크 무늬 티셔츠
camisa de lunares 둥근 무늬 티셔츠
camisa de pico 브이넥 티셔츠
camisa de cuello alto 목이 올라오는 티셔츠
camisa lisa 밋밋한 티셔츠

셔츠,
와이셔츠

## vestido

Angelina Jolie eligió un vestido azul para la gala de los Oscar.

안젤리나 졸리는 오스카상 시상식을 위해 파란색 원피스를 선택했다.

원피스

## traje

Me gustan los trajes grises porque son muy discretos.

나는 진중해 보이는 회색 양복을 좋아한다.

양복

| abrigo | Ponte un abrigo hoy porque dicen que va a hacer mucho frío por la noche.<br>오늘 코트 입어. 왜냐하면 저녁에 아주 추울 거래. | 코트 |
| --- | --- | --- |
| blusa | ¿Te vas a poner la blusa roja para la fiesta?<br>너는 파티에 빨간 블라우스 입을 거니? | 블라우스 |
| chaleco | No me gustan los chalecos, prefiero las chaquetas con mangas.<br>나는 조끼는 싫고, 소매 있는 재킷이 더 좋아. | 조끼 |
| jersey | Francisco suele llevar jerseys de rayas porque le hacen más delgado.<br>프란시스코는 날씬해 보이는 줄무늬 스웨터를 즐겨 입는다. | 스웨터 |

| pantalones | A Alicia le gustan los pantalones vaqueros estrechos.<br>알리시아는 바지통이 좁은 청바지를 좋아한다. | 바지 |
| --- | --- | --- |
| | 참고 vaqueros 청바지<br>pantalones cortos 반바지<br>estrechos (바지통이) 좁은<br>anchos (바지통이) 넓은 | |

| falda | Ana prefiere llevar pantalones antes que faldas.<br>아나는 치마보다는 바지 입는 것을 더 좋아한다. | 치마 |
| --- | --- | --- |
| calcetines | Llevo calcetines cortos todo el año, incluso en invierno.<br>나는 일 년 내내 짧은 양말을 신는다, 겨울에도.<br>참고 medias 스타킹 | 양말 |

| □ pijama | Le regalé a Alba un pijama rosa y le encantó. | 잠옷 |
| | 나는 알바에게 분홍색 파자마를 선물했는데 너무 마음에 들어 했다. | |

| □ ropa interior | Charo suele llevar ropa interior de color negro. | 속옷 |
| | 차로는 검은색 속옷을 즐겨 입는다. | |
| | 참고 sujetador 브래지어 | |
| | bragas 팬티 | |
| | calzoncillos 남자 팬티 | |

| □ zapatos | Los zapatos más cómodos son los que tienen un poquito de tacón. | 신발 |
| | 굽이 조금 있는 신발이 가장 편하다. | |
| | 참고 zapatos de tacón 굽이 있는 신발 | |
| | zapatos deportivos 운동화 | |
| | botas 장화, 부츠 | |
| | sandalias 샌들 | |
| | zapatillas 슬리퍼 | |

| □ complementos | Siempre que venimos al centro comercial vamos a la tienda de complementos. | 액세서리 |
| | 우리는 쇼핑몰에 올 때마다 항상 액세서리 가게에 간다. | |
| | 참고 anillo 반지 pulsera 팔찌 | |
| | collar 목걸이 pendientes 귀걸이 | |
| | broche 브로치 | |

| □ supermercado | Compra fruta cuando vayas al supermercado, por favor. | 슈퍼마켓 |
| | 슈퍼에 갈 때 과일 좀 사다 줘. | |
| | 참고 mercado 시장 | |

☐ quiosco

Siempre compro la revista *El Sueño* en el quiosco enfrente de mi oficina.

나는 항상 회사 앞에 있는 가판대에서 El Sueño 잡지를 산다.

(길거리에서 신문, 잡지 등을 파는) 가판대

---

## 관련 어휘

☐ botón 단추

☐ anorak 방한복

☐ chándal 추리닝, 운동복

☐ bañador 수영복

☐ joyas 귀금속, 보석

☐ gafas 안경
> 참고 gafas de sol 선글라스
> lentes para leer 돋보기
> anteojos 망원경

☐ uniforme 유니폼

☐ cinturón 밸트

☐ chaqueta de punto 가디건

☐ bufanda 스카프, 머플러

☐ bolsa 핸드백
> 참고 monedero 동전 지갑
> cartera 지갑

☐ traje a medida 맞춤옷

☐ oro 금
> 참고 plata 은
> cobre 동

☐ perfume 향수

☐ cosmético 화장품

☐ maquillaje 화장

☐ protector solar 자외선 차단제

☐ enjuague bucal 가글, 구강 세정제

☐ champú 샴푸
> 참고 suavizante 린스

☐ **ir de compras**

A mi novia le encanta ir de compras, pero a mí me cansa mucho.

내 애인은 쇼핑하러 가기를 좋아하지만 나는 (쇼핑하러 가는 것이) 피곤하다.

참고 hacer las compras 장보다

쇼핑하러 가다

☐ **ajustado**

Me gusta ponerme los pantalones ajustados.

나는 꽉 끼는 바지 입는 것을 좋아한다.

참고 flojo (옷이) 여유 있는, 꽉 끼지 않는

(옷이) 꽉 끼는

☐ **falso**

Ella siempre lleva las joyas falsas.

그녀는 항상 모조품 보석을 하고 다닌다.

가짜의, 모조의

☐ **probarse**

Nunca compro los zapatos sin probármelos antes.

나는 신발을 먼저 신어 보지 않고는 절대로 안 사.

입어 보다, 신어 보다

☐ **vestirse**

Mi hija ya se viste sola.

내 딸은 이제 혼자 옷을 입는다.

참고 ponerse 입다, 신다, 쓰다
desnudarse 옷을 벗다
quitarse (옷, 신발, 안경 등을) 벗다

옷을 입다

☐ **elegir**

Debemos elegir el colchón con mucho cuidado, porque vamos a dormir mucho en él.

우리는 아주 신중하게 매트리스를 골라야 해, 왜냐하면 오랜 기간 사용할 거니까.

선택하다, 고르다

☐ **quedar bien**

Me queda bien el color blanco.

나는 하얀색이 잘 어울려.

참고 quedar mal 잘 안 어울리다

잘 어울리다

198

☐ envolver

Mamá siempre envuelve los bocadillos para los viajes.

엄마는 항상 여행갈 때 보까디요(스페인식 샌드위치)를 싸신다.

동의어 empaquetar

포장하다

---

☐ quejarse

¿Por qué te quejas?

너는 뭐 때문에 불평하는데?

(~에 대해) 불평하다

---

☐ coser

Hoy en día casi nadie sabe coser.

요즈음은 바느질을 할 줄 아는 사람이 거의 없다.

바느질하다

---

☐ apretar

¿Has apretado bien el tornillo?

나사 잘 조였니?

(옷 등이) 꽉 끼다, 꼭 조이다

---

☐ falsificar

Es un delito muy grave falsificar moneda.

돈을 위조하는 것은 심각한 범죄이다.

위조하다, 변조하다

I 〈보기〉를 참고하여 단어를 올바르게 배열하세요.

① JAMAPI _____

② RODABAÑ _____

③ ELHACCO _____

④ ESRACAETPA _____

⑤ FANBUDA _____

보기

ESCAPARATE    CHALECO    PIJAMA
BAÑADOR    BUFANDA

II 빈칸에 알맞은 말을 쓰세요.

① Nunca compro los zapatos sin _____ antes.
나는 신발을 먼저 신어 보지 않고는 절대로 안 사.

② _____ _____ bien el color blanco. 나는 하얀색이 잘 어울려.

③ David prefiere _____ _____ antes que cinturón porque está muy gordo.
다비드는 너무 뚱뚱해서 벨트보다 멜빵을 선호한다.

Ⅲ 다음 그림에 해당하는 단어를 보기에서 골라 쓰세요.

①         ②         ③         ④

보기

calcetines      zapatos      vestido      camisa

정답

Ⅰ  ① pijama  ② bañador  ③ chaleco  ④ escaparate  ⑤ bufanda

Ⅱ  ① probármelos  ② Me queda  ③ llevar tirantes

Ⅲ  ① vestido  ② camisa  ③ zapatos  ④ calcetines

쉬어 가기

⊙ 다음 단어를 찾아 보세요.

| A | I | R | E | Y | O | J | A |
|---|---|---|---|---|---|---|---|
| B | U | T | I | Q | U | E | I |
| D | T | S | A | A | X | Y | R |
| O | M | J | I | N | I | C | E |
| Q | A | A | J | E | U | Q | R |
| C | E | S | T | A | S | T | B |
| M | E | R | C | A | D | O | I |
| N | O | I | B | M | A | C | L |

CESTA    CAJA    BUTIQUE    JOYERIA

MERCADO    QUEJA    CAMBIO    LIBRERIA

# 5 Ser padres 부모 되기

## 명사

☐ compromiso

Hicimos una fiesta de compromiso a la que vino mucha gente.

우리는 약혼식을 했고 약혼식에는 많은 사람이 참석했다.

약혼

☐ primera reunión entre las dos familias de novios

La primera reunión entre familias salió muy bien, disfrutamos mucho.

상견례는 잘 마쳤고, 우리는 즐겁고 좋은 시간을 보냈다.

상견례

☐ boda

¿Dónde es la boda de tu hermano menor?

네 남동생 결혼식은 어디에서 하지?

**동의어** casamiento

**참고** boda por la iglesia 교회나 성당에서 하는 결혼
boda civil 판사 앞에서 결혼 서약 후 부부가 되는 결혼
dama de honor 신부 들러리
lista de boda 결혼 예물/선물 리스트
despedida de soltero 총각[독신] 파티

결혼식

☐ luna de miel

Sara y Jairo fueron de luna de miel a Roma.

사라와 하이로는 로마로 신혼여행을 떠났다.

신혼여행

☐ recién casados

Hay habitaciones especiales para recién casados en ese hotel.

그 호텔에는 이제 막 결혼한 부부를 위한 특별한 방이 있다.

신혼부부

☐ testigo

Mi primo Jaime fue el testigo de boda de Sandra.

내 사촌 하이메는 산드라 결혼식의 증인이었어.

증인

| □ embarazo | Adela tuvo un embarazo complicado con su segundo hijo. | 임신 |
| | 아델라는 두 번째 아이를 임신했을 때 어려운 점이 있었다. | |

| □ curso prenatal | El curso prenatal fue muy interesante. | 태교 |
| | 태교 과정은 매우 흥미로웠다. | |
| | 동의어 educación prenatal | |

| □ náusea | María se levanta algunas noches por las náuseas. | 구토 |
| | 마리아는 구토 증세로 인해 밤에 때때로 일어난다. | |
| | 동의어 vómito | |

| □ parto | Todos mis partos han sido naturales, sin cesárea. | 출산 |
| | 나는 제왕절개하지 않고 모두 자연분만했다. | |
| | 참고 cesárea 제왕절개 | |

| □ contracción | Cuando se tienen contracciones es porque el parto está cerca. | 진통 |
| | 진통이 오는 것은 분만이 다가왔기 때문이다. | |
| | 동의어 dolores de parto | |

| □ sala de parto | Queremos tener el niño en ese hospital porque la sala de parto es muy buena. | 분만실 |
| | 우리는 그 병원에서 아이를 낳고 싶은데 왜냐하면 분만실이 좋기 때문이다. | |

| □ certificado de nacimiento | Ayer fueron a firmar el certificado de nacimiento al Registro Civil. | 출생증명서 |
| | 어제 호적등기소(동사무소)로 출생 증명서에 서명하러 갔었다. | |

## 형용사/동사

| | | |
|---|---|---|
| ☐ comprometerse | Ellos se comprometieron en un jardín muy bonito.<br>그들은 아주 아름다운 정원에서 약혼했다. | 약혼하다 |
| ☐ pedir matrimonio | Mi marido me pidió matrimonio en un salón bien bonito con un evento especial.<br>나의 남편은 너무 멋진 홀에서 특별한 이벤트와 함께 나한테 청혼했다. | 프러포즈 하다 |
| ☐ casarse con | Me casé con mi mujer hace dos años.<br>2년 전에 나는 내 부인과 결혼했다. | ~와 결혼 하다 |
| ☐ estar embarazada | Noemi no puede beber alcohol porque está embarazada.<br>노에미는 임신 중이라 술을 마실 수 없다.<br>**동의어** quedarse embarazada<br>**참고** abortar 낙태하다 | 임신하다 |
| ☐ vomitar por la preñez | Cuando estaba embarazada, vomitaba mucho por la preñez.<br>나는 임신했을 때 입덧이 심했다. | 입덧하다 |
| ☐ hincharse | Estos últimos días me he hinchado mucho, especialmente los pies.<br>최근에 몸이 많이 부었는데 특히 발이 많이 부었다. | 붓다 |
| ☐ parir | Hace una semana que mi hija parió un niño precioso.<br>일주일 전에 내 딸이 예쁜 아들을 낳았다.<br>**동의어** dar a luz | 출산하다 |

Ⅰ 〈보기〉를 참고하여 단어를 올바르게 배열하세요.

① HINAZCHÓN _____

② AZADBAEMRA _____

③ ADIPESDED _____

④ MONOITIRAM _____

⑤ ORGISETR _____

> **보기**
>
> HINCHAZÓN     DESPEDIDA     MATRIMONIO
> EMBARAZADA     REGISTRO

Ⅱ 빈칸에 알맞은 말을 쓰세요.

① Sara y Jairo fueron de _____ _____ _____ a Roma.
사라와 하이로는 로마로 신혼여행을 떠났다.

② Adela tuvo _____ _____ complicado con su segundo hijo.
아델라는 둘째 아이를 임신했을 때 어려운 점이 있었다.

③ Ellos se _____ en un jardín bien bonito.
그들은 아주 아름다운 정원에서 약혼했다.

Ⅲ 밑줄 친 단어를 대신할 수 있는 말을 쓰세요.

① Hace una semana que mi hija *parió* un niño precioso.

( )

② María se levanta algunas noches por *las náuseas*.

( )

③ ¿Dónde es *la boda* de tu hermano menor?

( )

정답

Ⅰ ① hinchazón  ②embarazada  ③ despedida  ④matrimonio  ⑤ registro

Ⅱ ① luna de miel  ② un embarazo  ③ comprometieron

Ⅲ ① dio a luz  ② el vómito  ③ el casamiento

⊙ 다음 단어를 찾아 보세요.

| | | | | | | | |
|---|---|---|---|---|---|---|---|
| P | S | O | L | T | E | R | O |
| R | M | N | A | N | E | L | Z |
| E | C | E | S | A | R | E | A |
| N | D | C | Z | Q | A | T | R |
| A | M | R | A | I | B | B | A |
| T | E | S | T | I | G | O | B |
| A | O | T | R | A | P | D | M |
| L | N | A | U | S | E | A | E |

TESTIGO   BODA   PARTO   CESAREA

EMBARAZO   NAUSEA   PRENATAL   SOLTERO

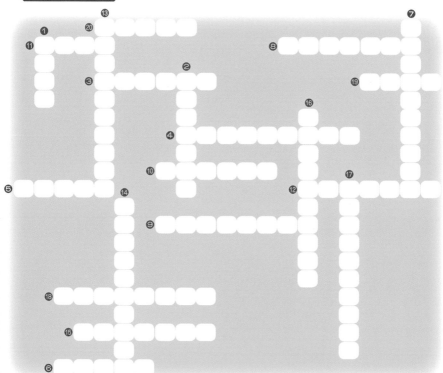

1. Quedar en algún momento con otra u otras poner punto.
2. Sinónimo de hobby.
3. Lugar compuesto por edificios y calles donde viven las personas.
4. Cafetería donde hay ordenadores.
5. Trozo de costa donde se puede tomar el sol.
6. Lugar con habitaciones donde se puede pagar por dormir en ellas.
7. Actividad consistente en pasear por la montaña.
8. Trozo de papel con un valor económico determinado.
9. Primera comida del día.
10. Comida, generalmente dulce, que se toma después de comer o cenar.
11. Bebida que se hace con el fruto del cafeto.
12. Bebida que tomada en grandes cantidades produce borrachera.
13. Lugar para vender pescado.
14. Lugar acristalado para exponer la mercancía que se quiere vender.
15. Prenda de vestir para el tronco sin mangas.
16. Prenda de vestir para las piernas.
17. Acto en el que los novios se prometen en matrimonio.
18. Período durante el cual las mujeres llevan un bebé dentro de su tripa.
19. Acto del matrimonio.
20. Acto de la salida del bebé de la tripa de la madre.

# VI

# Jubilación

은퇴

**명사**

□ reunión

En Navidad siempre hacemos una reunión familiar multitudinaria.

크리스마스에는 항상 대가족 모임을 한다.

모임

---

□ fiesta

Mañana vamos a la fiesta que organiza Alex, va a ser muy divertida.

내일 우리는 말렉스가 주최하는 파티에 가는데, 아주 재미있을 거야.

참고 fiesta de Año Nuevo 신년회
fiesta de fin de año 송년회/망년회
fiesta de bienvenida 환영회

파티, 축제

---

□ cumpleaños

La semana que viene es el cumpleaños de Sergio, ¿te vienes a su fiesta?

다음 주가 세르히오 생일이야.
너는 파티에 올 거니?

생일

---

□ aniversario

Celebramos nuestro aniversario de boda siempre en el mismo restaurante.

우리는 결혼기념일을 항상 같은 식당에서 보낸다.

참고 boda de plata 은혼식
boda de oro 금혼식
boda de diamante 회혼례(결혼 60주년)

기념일

---

□ Año Nuevo

¡Feliz Año Nuevo!

새해 복 많이 받으세요.

새해

---

□ Semana Santa

Iremos a Salamanca durante las vacaciones de Semana Santa.

우리는 성주간 휴가 기간에 살라망까에 갈 겁니다.

참고 La Pascua 부활절
관용어 como unas pascuas 아주 만족한

성주간,
부활절주간

| Navidad | En Navidad solemos comer cordero asado. | 크리스마스 |
| | 크리스마스에 우리는 구운 양고기를 먹곤 합니다. | |

| Nochebuena | ¿Qué vas a hacer en Nochebuena? | 크리스마스 이브 |
| | 너는 크리스마스 이브에 뭐 할 거야? | |

| Nochevieja | Nos gusta hacer una gran fiesta en Nochevieja para despedir y recibir el año. | 12월 31일 밤 |
| | 우리는 가는 해를 보내고 새해를 맞이하기 위해 12월 31일 밤에 멋진 파티를 하는 것을 좋아합니다. | |

| Día de los Reyes Magos | El Día de los Reyes Magos, compramos muchos regalos a los niños. | 동방 박사의 날(1월 6일) |
| | 동방 박사의 날에 우리는 아이들에게 많은 선물을 사 줍니다. | |

| Día de los Muertos | La Unesco ha declarado el Día de los Muertos como Patrimonio Cultural Inmaterial. | 망자의 날 |
| | 유네스코는 망자의 날을 무형문화재로 지정했다. | |

| día | Mi cumpleaños es el día 5 de mayo. | 날 |
| | 내 생일은 5월 5일입니다. | |
| | 참고 por la mañana 오전에 | |
| | por la tarde 오후에 | |
| | por la noche 저녁에, 밤에 | |
| | al día / a la semana 하루에 / 일주일에 | |

| semana | Una semana tiene siete días. | 주 |
| | 일주일은 7일입니다. | |

| lunes | martes | miércoles | jueves | viernes | sábado | domingo |
|---|---|---|---|---|---|---|
| 월요일 | 화요일 | 수요일 | 목요일 | 금요일 | 토요일 | 일요일 |

☐ mes

Mañana me voy a España y vuelvo dentro de un mes.

달

나는 내일 스페인에 가는데 한 달 뒤에 돌아와.

| enero | febrero | marzo | abril | mayo | junio |
|-------|---------|-------|-------|------|-------|
| 1월 | 2월 | 3월 | 4월 | 5월 | 6월 |

| julio | agosto | septiembre | octubre | noviembre | diciembre |
|-------|--------|------------|---------|-----------|-----------|
| 7월 | 8월 | 9월 | 10월 | 11월 | 12월 |

---

☐ año

El año que viene me voy a Madrid para estudiar español.

해, 년

내년에 나는 스페인어 공부하러 마드리드에 가.

참고 año sabático 안식년
　　 año bisiesto 윤년

---

☐ estación

Hay cuatro estaciones: primavera, verano, otoño e invierno.

계절

사계절이 있습니다: 봄, 여름, 가을, 그리고 겨울

참고 primavera 봄
　　 verano 여름
　　 otoño 가을
　　 invierno 겨울

---

☐ hoy

Hoy he ido a ver una película nueva al cine.

오늘

나는 오늘 새로운 영화를 한 편 보려고 극장에 갔었어.

참고 mañana 내일　　 pasado mañana 모레
　　 ayer 어제　　 anteayer 그저께

---

☐ todo el día

Guzmán tendrá hoy mucho trabajo y estará todo el día fuera.

하루 종일

구스만은 오늘 일이 굉장히 많아서 하루 종일 외부에 있을 거야.

참고 todos los días 매일

☐ jubilación

Ya me llega a la jubilación y tengo muchos planes para mi futuro.

나는 이제 퇴직할 나이가 되어 가고 있어서 내 미래를 위한 계획이 많이 있다.

참고 jubilación anticipada 조기 퇴직
jubilación voluntaria 명예퇴직

은퇴, 퇴직

☐ pensión

Con este trabajo tendré una buena pensión.

이 작업으로 나는 많은 연금을 받게 될 것이다.

참고 pensión nacional 국민연금
pensión de jubilación 퇴직 연금

연금

☐ bienestar

El bienestar social para los niños es muy importante.

어린이를 위한 사회 복지가 아주 중요합니다.

참고 asistente social 사회 복지사

복지

☐ seguridad social

En Corea tenemos muy buena seguridad social.

우리 한국에는 사회 보장 제도가 아주 잘 되어 있다.

사회보장

☐ seguro médico

Cada uno tiene que tener un seguro médico para los momento difíciles.

개인마다 어려운 때를 대비해서 의료 보험이 있어야 한다.

의료보험

☐ celebrar

Fuimos a celebrar el ascenso de Luisa a un restaurante mexicano.

우리는 멕시코 식당으로 루이사의 승진을 축하하러 갔다.

기념하다, 축하하다

---

☐ felicitar

Hoy tienes que llamar a la abuela para felicitarla porque es su cumpleaños.

오늘 할머니 생신이니까 너는 할머니께 축하 전화를 드려야 해.

동의어 congratular

축하하다

---

☐ jubilarse

Hace poco tiempo que me he jubilado.

나는 얼마 전에 퇴직했다.

동의어 retirar

은퇴하다, 퇴직하다

---

☐ cobrar pensión

Mi padre ha trabajado muchos años y ahora cobra una buena pensión.

나의 아버지는 오랜 기간 일하셨고 지금은 연금을 많이 받으신다.

연금을 받다

---

☐ ahorrar

Todos los matrimonios deberían ahorrar un poco para los momentos malos.

모든 부부는 어려운 때를 대비해서 저축을 해야만 한다.

저축하다

---

☐ sacar dinero

Con esta tarjeta puedes sacar dinero en cualquier cajero.

너는 이 카드로 어느 ATM에서든지 돈을 찾을 수 있어.

출금하다

---

☐ retirar de la cuenta

Hoy tengo que retirar mucho dinero de la cuenta para comprar el coche.

나는 오늘 자동차를 사기 위해서 많은 돈을 계좌에서 찾아야만 돼.

계좌에서 돈을 인출하다

---

☐ transferir dinero

No quiero transferir dinero a una cuenta extranjera, la comisión es muy alta.

외국 계좌로 송금하고 싶지 않아, 커미션이 너무 비싸.

송금하다

---

☐ ingresar

Quiero ingresar mil euros en mi cuenta corriente.

제 계좌에 천 유로를 입금하고 싶습니다.

동의어 depositar

입금하다

---

☐ abrir una cuenta

Nuria no tiene cuenta todavía y necesita abrir una para cobrar el dinero.

누리아는 아직 계좌가 없어서 돈을 받으려면 계좌를 개설해야 돼.

계좌를 열다

---

☐ pedir un préstamo

No me gusta pedir préstamos a los bancos, prefiero pedir dinero a mi familia.

나는 은행에 대출 신청하는 것은 싫고, 가족에게 돈 빌리는 것이 더 좋아.

대출을 신청하다

---

☐ hipotecar

Tuvimos que pedir una hipoteca al banco para comprar nuestra casa.

우리는 집을 사기 위해 은행에 담보를 신청해야만 한다.

담보하다

I 〈보기〉를 참고하여 단어를 올바르게 배열하세요.

① REAY _____

② SITOBIES _____

③ NEROE _____

④ JCIÓNBILULA _____

⑤ ENBITARES _____

> **보기**
>
> JUBILACIÓN    BIENESTAR    BISIESTO
> ENERO    AYER

II 빈칸에 알맞은 말을 써 넣으세요.

① _____ he ido a ver una película nueva al cine.
나는 오늘 새로운 영화를 한 편 보려고 극장에 갔었어.

② Hace poco tiempo que _____ _____ _____. 나는 얼마 전에 퇴직했다.

③ Guzmán tendrá hoy mucho trabajo y estará _____ _____ _____ fuera.
구스만은 오늘 일이 굉장히 많아서 하루 종일 외부에 있을 거야.

Ⅲ 다음 그림에 맞는 계절을 쓰세요.

Ⅳ 빈칸을 채워 보세요.

(            ) – febrero – marzo – (            ) – (            ) – junio –
(            ) – agosto – septiembre – (            ) – (            ) – (            )

쉬어 가기

⊙ 다음 단어를 찾아 보세요.

```
O  E  P  P  S  A  R  N
C  E  L  E  B  R  A  R
A  Q  M  N  A  M  F  T
N  M  Y  S  Ñ  M  I  V
A  D  D  I  O  H  E  X
M  N  T  O  I  O  S  S
E  A  O  N  M  Y  T  K
S  D  A  D  I  V  A  N
```

NAVIDAD    FIESTA    SEMANA    MES

HOY    AÑO    CELEBRAR    PENSION

`명사`

☐ flora

La montaña de Madrid tiene una flora muy diversa.

마드리드에 있는 산에는 아주 다양한 종류의 식물들이 있다.

(한 나라나 한 지방의) 식물(군)

---

☐ flor

A mi hermana menor le gustan las flores y cada vez que voy a verla, le compro flores.

동생이 꽃을 좋아해서 동생을 보러 갈 때마다 나는 동생에게 꽃을 사다 준다.

`참고` florecer 꽃이 피다
　　　 floreciente 꽃이 피는

꽃

---

☐ crisantemo

El crisantemo es una flor muy típica en Asia.

국화는 아시아에 피는 대표적인 꽃이다.

국화

---

☐ rosa

Las rosas rojas representan el amor y la pasión.

빨간 장미는 사랑과 정열을 상징한다.

장미

---

☐ clavel

El clavel se usa como regalo el Día de los Padres.

카네이션은 어버이날에 선물로 쓰인다.

카네이션

---

☐ árbol

Cuando era pequeño, me gustaba mucho subirme a los árboles.

내가 어린아이였을 때, 나는 나무에 올라가는 것을 좋아하곤 했다.

`참고` hoja 꽃잎, 나뭇잎
　　　 tronco 줄기
　　　 rama 가지
　　　 raíz 뿌리

나무

☐ pino

Me gustan los pinos porque están verdes todo el año.

나는 소나무가 일 년 내내 푸르러서 좋아요.

소나무

☐ vid

El hermano mayor de Gonzalo cultiva vides.

곤살로의 형은 포도나무를 재배한다.

참고 vinícola 포도재배가, 포도밭 주인
viña 포도밭

포도나무

☐ hierba

Me gusta andar descalza sobre la hierba.

나는 잔디 위를 맨발로 걷는 것을 좋아한다.

풀, 허브,
잔디

☐ planta

Hay muchas plantas con flores en el parque del Retiro.

레띠로 공원에는 꽃과 많은 식물이 있다.

참고 plantar (식물을) 심다

식물, 제조
공장

☐ semilla

En España se comen mucho las semillas del girasol, las llamamos pipas.

스페인에서는 해바라기 씨앗을 많이 먹으며, 해바라기 씨를 'pipas' 라고 부른다.

참고 sembrar 씨앗을 뿌리다, 파종하다
resembrar 다시 파종하다, 다시 씨를 뿌리다

씨, 씨앗

☐ fauna

La fauna del planeta está disminuyendo por la mala conducta del hombre.

인간의 잘못된 행동으로 지구상에 있는 동물들이 줄어 들고 있다.

(한 나라나
한 지방의)
동물

☐ animal

No se permite tener animales en el hotel donde hemos reservado.

우리가 예약한 호텔에서는 동물을 데리고 있는 것을 허 용하지 않는다.

동물

☐ gato

Emma no puede estar cerca de los gatos porque tiene alergia.

엠마는 알레르기 때문에 고양이 가까이에 있을 수 없다.

관용어 llevarse como el gato y el perro
(개와 고양이 같은) 천적이다

고양이

☐ perro

Cuando tengamos la casa nueva, tendremos también un perro.

새 집을 갖게 되면, 우리는 강아지도 키울 겁니다.

강아지

☐ caballo

Arantxa se va dos veces al mes a montar a caballo porque le gusta.

아란사는 한 달에 두 번 말을 타러 간다. 왜냐하면 말 타는 것을 좋아하기 때문이다.

참고 yegua 암말    asno 당나귀, 바보, 천치

말

☐ cerdo

En Corea se come muchísimo cerdo.

한국에서는 돼지고기를 매우 많이 먹는다.

동의어 puerco, cochino

돼지

☐ vaca

Las vacas del norte de España dan muy buena leche.

스페인 북부 지방의 소들은 좋은 우유를 생산한다.

참고 buey 수소, 황소

암소

☐ aves

Los gorriones son unas aves muy comunes en las grandes ciudades.

참새들은 대도시에서 볼 수 있는 아주 평범한 조류이다.

조류

□ pájaro

Dicen que los pájaros descienden de los dinosaurios.

새가 공룡의 후손이라고들 말한다.

**관용어** a ojo de pájaro 수박 겉 핥기 식으로, 표면적으로
pájaro nuevo
(직장, 어떤 장소, 게임 등에서) 새로운 얼굴
más vale pájaro en mano que ciento volando 확실한 것이 더 낫다(날아가는 새 100마리보다 수중의 한 마리가 더 낫다)

새

---

□ gallo

Mañana nos despertaremos pronto, cuando cante el gallo.

내일 우리는 닭이 울 때 일찍 일어날 겁니다.

**참고** gallina 암탉

수탉

---

□ mariposa

A veces vamos Mire y yo a cazar mariposas al bosque.

가끔씩 미래와 나는 나비를 잡으러 숲으로 갑니다.

나비

---

□ paloma

La paloma es el símbolo de la paz.

비둘기는 평화의 상징입니다.

비둘기

---

□ insecto

Hay cientos de miles de especies diferentes de insectos en este museo.

이 박물관에는 수십만 종의 다양한 곤충이 있습니다.

**참고** araña 거미    mosquito 모기
mosca 파리

곤충

---

□ abeja

Las abejas son importantes porque polinizan muchas plantas.

꿀벌들은 많은 식물을 수분시키기 때문에 중요하다.

**참고** colmena 벌집, 벌통

꿀벌

## 관련 어휘

☐ lirio 백합

☐ girasol 해바라기

☐ tulipán 튤립

☐ laurel 월계수

☐ león/a 사자

> 참고 arañar (손톱이나 핀 등으로 피부를) 할퀴다, 세게 긁다

☐ tigre 호랑이

☐ lobo 늑대

> 참고 aullar (개, 늑대 혹은 원숭이가 슬프게) 울부짖다

☐ zorro/a 여우

☐ elefante 코끼리

☐ ballena 고래

☐ cocodrilo 악어

> 참고 lágrimas de cocodrilo 거짓 눈물

☐ tortuga 거북이

☐ mono 원숭이

> 참고 gorila 고릴라

☐ mamífero 포유동물

☐ macho 숫놈

> 참고 hembra 암컷
> hembrear (수컷 동물이) 암컷 동물을 그리워하다

☐ serpiente 뱀

> 참고 reptiles (m. 남성 명사) 파충류

☐ rana 개구리

> 참고 anfibios 양서류

☐ cabra 염소, 산양

☐ conejo 토끼

> 참고 liebre 산토끼

☐ bosque 숲

☐ cielo 하늘

☐ lago 호수

☐ luna 달

> 참고 luna llena 보름달

☐ selva 밀림, 정글

> 동의어 jungla

☐ piedra 돌

☐ tierra 지구, 땅

☐ valle 계곡

☐ silvestre

Hay muchas plantas silvestres en el patio que crecieron solas.

뒤뜰에는 자생하는 야생식물들이 많이 있다.

야생의

---

☐ arrancar

Antes de cultivar los tomates, hay que arrancar las malas hierbas.

토마토를 경작하기 전에 잡초를 뽑아야 한다.

뿌리째
뽑다,
시동 걸다

---

☐ regar

He dado las llaves a Linda para que riegue las plantas.

린다에게 화초에 물을 주라고 열쇠를 주었다.

(무엇에)
물을 주다

---

☐ cultivar

A mi primo Javier le gusta cultivar algunos cereales todos los años.

내 사촌 하비에르는 매해 곡물 재배하는 것을 좋아한다.

재배하다,
경작하다

---

☐ cosechar

Al final de este mes tenemos que cosechar todo lo que plantamos.

이달 말에 우리가 심은 모든 것을 수확해야만 한다.

수확하다,
거두다

---

☐ recoger

Esta tarde iremos a recoger setas, ¿quieres venir?

오늘 오후에 버섯 채취하러 갈 건데, 너도 갈래?

줍다, 주워
모으다

---

☐ cazar

No me gusta cazar, me parece salvaje.

나는 야만적인 것 같아서 사냥하는 것을 싫어해.

사냥(수렵)
하다

---

Ⅰ 〈보기〉를 참고하여 단어를 올바르게 배열하세요.

① SLLEMIA _____

② OTQUISOM _____

③ ONMO _____

④ JAPÁRO _____

⑤ ROFEMAMÍ _____

SEMILLA      PÁJARO      MOSQUITO
MAMÍFERO      MONO

Ⅱ 빈칸에 알맞은 말을 쓰세요.

① Antes de cultivar los tomates, hay que _____ las malas hierbas.
토마토를 경작하기 전에 잡초를 뽑아야 한다.

② He dado las llaves a Linda para que _____ las plantas.
린다에게 화초에 물을 주라고 열쇠를 주었다.

③ A mi primo Javier le gusta _____ algunos cereales todos los años.
내 사촌 하비에르는 매해 곡물 재배하는 것을 좋아한다.

Ⅲ 다음 설명에 알맞은 동물을 쓰세요.

① Es un animal doméstico con patas cortas armadas de uñas fuertes y agudas.

( )

② Mamífero de cuerpo grueso, cabeza y orejas grandes, patas cortas. Tiene otros
nombres como puerco o cochino. ( )

③ Es un animal que tiene forma alargada y se mueve arrastrándose. ( )

Ⅳ 다음 그림에 알맞은 동사를 써 넣으세요.

①

②

③

Ⅰ ① semilla　② mosquito　③ mono　④ pájaro　⑤ mamífero
Ⅱ ① arrancar　② riegue　③ cultivar
Ⅲ ① gato　② cerdo　③ serpiente
Ⅳ ① regar　② cosechar　③ cazar

◉ 다음 단어를 찾아 보세요.

| | | | | | | | |
|---|---|---|---|---|---|---|---|
| I | X | W | P | T | C | U | Q |
| T | A | N | I | M | A | L | M |
| A | L | B | N | V | Ñ | A | M |
| N | L | C | O | R | O | L | F |
| U | I | C | E | S | T | A | L |
| A | M | E | A | P | A | N | O |
| F | E | O | T | A | G | R | R |
| S | S | H | I | E | R | B | A |

FLORA  FAUNA  PINO  HIERBA

FLOR  SEMILLA  ANIMAL  GATO

# 3 Medio ambiente 환경

Pista 20

## 명사

☐ clima

El clima es caluroso.
기후가 후덥지근하다.

기후

☐ tiempo

¿Qué tiempo hace hoy? 오늘 날씨 어때?

참고 Hace sol 해가 난다, 날씨가 좋다
Hace calor 날씨가 덥다
Hace frío 날씨가 춥다
Hace fresco 날씨가 시원하다
Hace viento 바람이 분다

Hay tormenta 폭풍이 분다
Hay niebla 안개가 끼어 있다
Hay nubes 구름이 있다
Hay humedad 습하다
Hay relámpagos 번개가 친다

Está soleado 해가 나 있다
Está nublado 구름이 끼어 있다
Está despejado 날이 쾌청하다

날씨

☐ lluvia

En Caracas la lluvia es cálida.
까라까스에 내리는 비는 따뜻하다.

참고 lluvia ácida 산성비

비

☐ nieve

Blancanieves es muy hermosa.
백설공주는 너무 아름답다.

눈

☐ temperatura

¿Qué temperatura hace hoy?
오늘 몇 도야?

온도, 체온

☐ huracán

Son muy peligrosos los huracanes, pueden destruir pueblos enteros.
허리케인은 아주 위험하다. 마을을 통째로 파괴시킬 수 있다.

허리케인, 폭풍

| estación | Mi estación favorita es la primavera.<br>내가 좋아하는 계절은 봄이다. | 계절 |
|---|---|---|
| contaminación | Amanda estuvo en Pekín y me dijo que la contaminación era muy alta.<br>아만다는 베이징에 있었는데 오염도가 너무 높았다고 나한테 말했다.<br>동의어 polución<br>참고 contaminación atmosférica 대기 오염<br>contaminación acústica 소음 공해<br>contaminación del agua 수질 오염 | 오염 |
| cambio climático | Aunque parezca mentira, hay mucha gente que no cree en el cambio climático.<br>거짓말 같지만, 기후 변화를 믿지 않는 사람들이 많다. | 기후 변화 |
| calentamiento global | El calentamiento global está produciendo un cambio climático importante.<br>지구 온난화는 중요한 기후 변화를 초래하고 있다. | 지구온난화 |
| capa de ozono | La capa de ozono nos protege de la radiación ultravioleta.<br>오존층은 자외선으로부터 우리를 보호한다.<br>참고 agujero de la capa de ozono 오존층 구멍 | 오존층 |
| deforestación | La deforestación es un problema grave en el Amazonas.<br>산림 파괴는 아마존의 심각한 문제이다.<br>참고 tala indiscriminada 무분별한 벌목 | 산림 파괴 |
| desertización | En el sur de España hay problemas de desertización.<br>스페인 남쪽에는 사막화 문제가 있다. | 사막화 |

| | | |
|---|---|---|
| ☐ desastre | Los desastres naturales están aumentando por la acción mala del ser humano.<br>자연재해가 인간의 잘못된 행동으로 인해 증가하고 있다. | 재해, 재난 |
| ☐ inundación | Por la inundación, mucha gente perdió la casa.<br>홍수로 인해 많은 사람들이 집을 잃었다.<br>※El Niño 엘니뇨 현상(남미 페루 부근 해류 속에 크리스마스경에 한 번씩 이상 난류가 흘러들어 지구 곳곳의 날씨에 심각한 영향을 미치는 현상)<br>La Niña 라니냐 현상(페루 앞 바다의 해수 표면 온도가 이상 기온으로 내려가는 현상) | 홍수, 범람 |
| ☐ maremoto | Los maremotos son muy peligrosos si se producen cerca de la costa.<br>해저 지진이 해안 가까이에서 발생하면 굉장히 위험하다. | 해일, 해저 지진 |
| ☐ terremoto | Hace poco tiempo hubo un terremoto muy fuerte y mucha gente perdió la vida.<br>얼마 전에 강진이 있었고 많은 사람들이 목숨을 잃었다. | 지진 |
| ☐ reciclaje | El reciclaje es importante porque generamos demasiada basura.<br>우리가 지나치게 쓰레기를 많이 만들어 내기 때문에 재활용은 중요하다.<br>참고 contenedor de reciclaje 재활용통 | 재활용 |
| ☐ recursos naturales | Como no son infinitos, no debemos malgastar los recursos naturales.<br>영원히 존재하는 것이 아니므로 우리는 천연자원을 낭비해서는 안 된다.<br>참고 parques naturales 자연공원 | 천연자원 |

## 관련 어휘

☐ peligro 위험

☐ energía 에너지
  참고 energía alternativa 대체 에너지
    energía nuclear 핵 에너지
    energía solar 태양 에너지

☐ dióxido de carbono 이산화탄소

☐ efecto invernadero 온실 효과

☐ ecología 생태학
  참고 ecoturismo 생태 관광

☐ desierto 사막

☐ bosque 숲

☐ volcán 화산

☐ llover

Parece que va a llover.
비가 올 것 같아요.

참고 llueve a cántaros 비가 억수같이 많이 오다

비가 오다

---

☐ nevar

Está nevando afuera.
밖에 눈이 오고 있다.

눈이 오다

---

☐ estar en peligro de extinción

Los tigres están en peligro de extinción.
호랑이는 소멸 위기에 있습니다.

소멸 위기에 있다

---

☐ proteger

Debemos proteger la naturaleza.
우리는 자연을 보호해야 합니다.

보호하다

---

☐ mejorar

La economía mundial va mejorando.
세계 경제가 조금씩 좋아지고 있습니다.

개선하다

---

☐ controlar

Tardaron mucho tiempo en controlar el incendio.
화재를 진압하는 데 시간이 많이 걸렸다.

진압하다, 통제하다

---

☐ podar

El ayuntamiento debería podar estos árboles.
시청에서는 이 나무들을 가지치기해야 합니다.

가지치다

---

☐ solucionar

El Gobierno se comprometió a solucionar las medidas contra incendios.
정부는 소방대책 문제를 해결하겠다고 약속했다.

해결하다

Ⅰ 〈보기〉를 참고하여 단어를 올바르게 배열하세요.

① PEDESDOJA _____

② TURATEPEMRA _____

③ CIÓNTAES _____

④ SASDETRE _____

⑤ DOHÚEM _____

보기

HÚMEDO    DESPEJADO    TEMPERATURA
ESTACIÓN    DESASTRE

Ⅱ 빈칸에 알맞은 말을 써 넣으세요.

① Parece que va a _____. 비가 올 것 같아요.

② Debemos _____ la naturaleza. 우리는 자연을 보호해야 합니다.

③ La economía mundial va _____. 세계 경제가 조금씩 좋아지고 있습니다.

Ⅲ 다음 설명에 알맞은 계절을 쓰세요.

① En esta estación hace mucho frío. ( )

② En Corea, ¿en qué estación se puede ver flores en la calle? ( )

③ En esta estación las hojas pierden su color. ( )

④ Por el calor mucha gente se va a la playa. ( )

Ⅳ 그림에 알맞은 표현을 쓰세요.

① ② ③

Ⅰ ① despejado ② temperatura ③ estación ④ desastre ⑤ húmedo

Ⅱ ① llover ② proteger ③ mejorando

Ⅲ ① invierno ② primavera ③ otoño ④ verano

Ⅳ ① Hace mucho sol/Está soleado. ② Hay relámpagos. ③ Está nevando.

⊙ 다음 단어를 찾아 보세요.

| | | | | | | |
|---|---|---|---|---|---|---|
| D | M | N | I | A | T | Q | S |
| P | O | L | U | C | I | O | N |
| E | V | E | I | N | T | N | A |
| O | Z | O | N | O | M | A | C |
| S | E | R | Ñ | X | K | R | A |
| T | W | O | Q | K | Z | E | R |
| S | C | L | I | M | A | V | U |
| M | A | I | V | U | L | L | H |

CLIMA  LLUVIA  HURACAN  OZONO

VERANO  OTOÑO  NIEVE  POLUCION

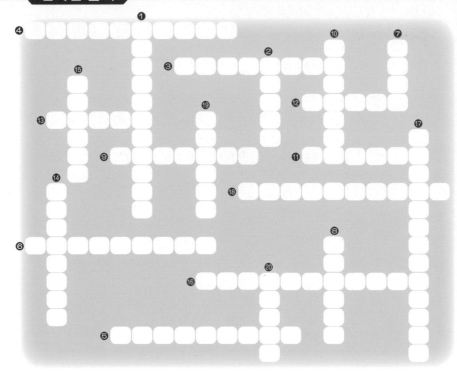

1. Celebración de algún evento que se hace cada año.
2. Atrapar animales o perseguirlos para matarlos.
3. Cada una de las cuatro partes en las que se divide el clima del año.
4. Período de vida después de trabajar.
5. Conjunto de las cosas que se necesitan para vivir bien.
6. Dar felicitaciones.
7. Flor que representa el amor y la pasión.
8. Cada uno de los organismos vivos que forman la flora.
9. Animal sobre el que montaban los indios norteamericanos.
10. Animal del que se alimentan las arañas.
11. Superficie con árboles y plantas.
12. Superficie con árboles y plantas muy frondosa y tropical.
13. Echar agua a las plantas.
14. Recoger los frutos de las plantas y/o de la tierra.
15. Sinónimo de clima.
16. Magnitud física que sirve  para medir cuánto calor hace.
17. Acción de eliminar los árboles y las plantas en grandes cantidades.
18. Acción de cubrir con agua un territorio.
19. Abertura en la Tierra por donde sale material del interior de la Tierra.
20. Cortar las ramas y las hojas de las plantas.

# Vida

인생

명사

☐ cabeza

Mi abuela se cayó al suelo y se dañó la cabeza.

나의 할머니는 땅에 넘어지셔서 머리를 다치셨다.

참고 cabeza dura 석두, 멍청이
　　 ser cabezota 고집쟁이

머리

---

☐ pelo

Mi amiga Isabel tiene el pelo rubio.

내 여자 친구 아사벨은 금발이다.

동의어 cabello

관용어 tomar el pelo a alguien 누군가를 놀리다

참고 pelo liso 직모
　　 pelo rizado 곱슬머리
　　 pelo rubio 금발
　　 pelo largo 긴 머리
　　 pelo corto 짧은 머리
　　 lavarse el pelo 머리를 감다
　　 secarse el pelo 머리를 말리다

머리카락

---

☐ cara

Esta niña tiene una cara muy bonita.

이 소녀는 얼굴이 참 예쁘다.

참고 tener cara dura 뻔뻔하다
　　 lavarse la cara 세수를 하다

얼굴

---

☐ ojos

Tienes los ojos bonitos.

너는 눈이 예쁘구나.

참고 echar mal de ojo 저주를 퍼붓다

눈

---

☐ nariz

Roncaba mucho y se tuvo que operar la nariz.

코를 많이 골아서 수술을 해야만 했다.

관용어 dar en la nariz 추측하다

참고 roncar 코를 골다

코

☐ boca

¿Qué te parece si nos vemos en la boca de metro?

지하철 입구에서 만나는 게 어때?

**관용어** tener la boca grande
말을 많이 한다, 실수하다

**참고** beber 마시다
escupir 침을 뱉다

입

---

☐ oreja

Sara tiene dos pendientes en cada oreja.

사라는 양 귀에 귀걸이를 두 개씩 하고 있다.

**참고** oír, escuchar 듣다

귀

---

☐ frente

Miren no se puso una gorra y se quemó la frente.

미렌은 모자를 쓰지 않아서 이마가 탔다.

이마

---

☐ dientes

El dentista dice que hay que lavarse los dientes siempre después de comer.

치과의사는 식후에 항상 이를 닦아야 한다고 말한다.

이

---

☐ labios

Tengo los labios cortados porque estuve muy cansado por el proyecto.

나는 프로젝트 때문에 너무 피곤해서 입술이 텄다.

입술

---

☐ brazo

Hago culturismo tres veces a la semana por eso mis brazos son fuertes.

나는 일주일에 3번 보디빌딩을 한다. 그래서 내 팔은 단단하다.

팔

---

☐ mano

Los pianistas tienen las manos muy delicadas.

피아니스트들은 손이 아주 섬세하다.

**관용어** echar una mano 도와주다

**참고** lavarse las manos 손을 씻다

손

---

☐ dedo

La mayoría de los guitarristas tienen los dedos largos.

대부분의 기타리스트는 손가락이 길다.

손가락

---

☐ pierna

Mi amigo dejó de ser futbolista por una lesión en su pierna derecha.

내 친구는 오른쪽 다리를 다쳐서 축구 선수를 포기했다.

**관용어** dormir a pierna suelta 아주 깊이 잘 자다

**참고** andar, caminar 걷다
correr 뛰다

다리

---

☐ hombro

Salvador se dislocó un hombro haciendo judo.

살바도르는 유도를 하다 어깨가 탈골되었다.

어깨

---

☐ espalda

Fabián tiene un problema de espalda y no puede conducir durante mucho rato.

파비안은 등에 문제가 있어서 장시간 운전할 수 없다.

**참고** dar la espalda 등을 돌리다, 거절하다.

등

---

☐ pecho

A algunos hombres no les gusta tener pelo en el pecho y se depilan.

어떤 남자들은 가슴에 털이 있는 것이 싫어서 면도로 민다.

가슴

---

☐ cuello

Cuando hace frío, me gusta llevar el cuello tapado con una bufanda.

날이 추울 때 나는 목도리로 목을 감싸고 다니는 것을 좋아한다.

목

☐ rodilla

Bibiana tuvo una operación en la rodilla la semana pasada y todavía está en el hospital.

비비아나는 지난주에 무릎 수술을 해서 아직 병원에 있다.

무릎

---

☐ uñas

Ami se pinta las uñas siempre con unos colores muy bonitos.

아미는 항상 아주 예쁜 색깔로 손톱을 칠한다.

손톱

---

☐ pie

Iker utiliza unas plantillas especiales porque tiene los pies planos.

이케르는 평발이기 때문에 특별한 깔창을 사용한다.

관용어 empezar con mal/buen pie
시작이 나쁘다/좋다

levantarse con el pie izquierdo 기분을 잡치다

발

---

### 관련 어휘

| | |
|---|---|
| ☐ ceja 눈썹 | ☐ hueso 뼈 |
| ☐ mandíbula 턱 | ☐ piel 피부 |
| ☐ muñeca 손목 | ☐ sangre 피 |
| ☐ tobillo 발목 | ☐ hígado 간 |
| ☐ mejillas 볼, 뺨 | ☐ corazón 심장 |
| ☐ ombligo 배꼽 | ☐ riñón 신장 |
| ☐ barriga 배<br>동의어 vientre, panza | ☐ pulmón 폐 |
| | ☐ costilla 갈비뼈 |
| ☐ encías 잇몸 | ☐ estómago 위 |
| ☐ garganta 목구멍 | ☐ cerebro 뇌 |

☐ **fuerte**

Ese chico tiene un carácter muy fuerte.
그 아이는 성격이 너무 강해.

반의어 débil 약한

튼튼한,
힘이 센

☐ **alto**

Daniel es el más alto entre nosotros.
다니엘이 우리들 중 키가 제일 크다.

반의어 bajo 키가 작은

키가 큰

☐ **guapo**

El hijo de Gabriela es muy guapo, además
es inteligente.
가브리엘라의 아들은 잘생긴 데다 지혜롭기도 하다.

반의어 feo 못생긴

예쁜,
잘생긴

☐ **delgado**

Mi hija está muy delgada para su edad.
내 딸은 자기 또래에 비해 너무 말랐다.

반의어 gordo 뚱뚱한

날씬한

☐ **dormir**

Duermo 8 horas al día.
나는 하루에 8시간 잔다.

자다

☐ **llorar**

Los bebés lloran cuando tienen hambre.
아기들은 배가 고플 때 운다.

울다

☐ **sudar**

En verano sudo mucho.
여름에 나는 땀을 많이 흘린다.

참고 sudar la camisa 땀범벅이 되다
sudar a chorros 구슬땀을 흘리다
sudar la gota gorda 어떤 일을 실현하기 위해
열심히 노력하다

땀을 흘리다

☐ bostezar

¿Por qué bostezamos?

우리는 왜 하품을 하는 걸까요?

하품하다

---

☐ sonarse la nariz

Por la gripe, Ana se sonaba la nariz todo el tiempo.

아나는 독감에 걸려 계속 코를 풀었다.

관용어 tocar las narices a alguien
귀찮게하다, 짜증나게하다

코를 풀다

---

☐ estornudar

No pude parar de estornudar por la alergia.

나는 알레르기 때문에 재채기하는 것을 멈출 수 없었다.

재채기하다

---

☐ engordar

Si no hago ejercicio, engordo en enseguida.

나는 운동을 안 하면, 금방 살쪄.

반의어 adelgazar 날씬해지다

살찌다

---

☐ soltar un pedo

¿Quién ha soltado un pedo?

누가 방귀를 뀌었지?

동의어 tirarse un pedo

방귀 뀌다

---

☐ respirar

No respires por la boca, sino por la nariz.

입으로 숨 쉬지 말고 코로 숨 쉬어.

숨 쉬다

---

☐ abrazar

Cuando Juan Pablo vino de Chile, nos abrazamos mucho tiempo.

후안 빠블로가 칠레에서 왔을 때 우리는 오랜 시간 포옹했다.

포옹하다

---

☐ acariciar

A los perros les gusta que les acaricien las orejas.

강아지들은 귀 만져 주는 것을 좋아한다.

쓰다듬다

I  〈보기〉를 참고하여 단어를 올바르게 배열하세요.

① BCZEAA _____

② NOARCÓZ _____

③ SELUMNOP _____

④ NAPIRE _____

⑤ CREROBE _____

> **보기**
>
> CABEZA    PIERNA    PULMONES
> CORAZÓN    CEREBRO

II  빈칸에 알맞은 말을 써 넣으세요.

① Cuando estoy cansado, _____ mucho.   저는 피곤할 때 코를 많이 골아요.

② En verano _____ mucho.  여름에 나는 땀을 많이 흘린다.

③ Por la gripe, Ana _____ todo el tiempo.  아나는 독감에 걸려 계속 코를 풀었다.

Ⅲ 다음 그림에 맞는 동사를 〈보기〉에서 골라 쓰세요.

①      ②      ③

보기

| | | | |
|---|---|---|---|
| bostezar | dormir | llorar | estornudar |

Ⅳ 끝말 잇기를 이용해 빈칸을 채우세요.

tobillo - ojo - (    ①    ) - (    ②    ) - (    ③    )

정답

Ⅰ   ① cabeza    ② corazón    ③ pulmones    ④ pierna    ⑤ cerebro

Ⅱ   ① ronco    ② sudo    ③ se sonaba la nariz

Ⅲ   ① bostezar    ② llorar    ③ dormir

Ⅳ   ① oreja    ② abrazar    ③ respirar

⊙ 다음 단어를 찾아 보세요.

| | | | | | | |
|---|---|---|---|---|---|---|
| M | Q | O | S | E | U | H | T |
| O | S | D | A | S | A | M | B |
| D | E | R | J | I | E | N | E |
| A | T | O | E | X | E | S | T |
| G | N | R | O | J | O | S |
| L | E | Q | O | L | W | K | S |
| E | I | A | Z | E | B | A | C |
| D | D | M | S | P | I | O | T |

CABEZA   PELO   OJOS   DIENTES

OREJA   HUESO   DELGADO   GORDO

# 2 Enfermedades 질병

## 명사

☐ **paciente**

Mi paciente es mayor y se queja mucho.
나의 환자는 나이가 많고 불평이 참 많다.

환자

---

☐ **diagnóstico**

Cuando me dieron el diagnóstico, me quedé tranquilo, solo era un catarro.
진단 결과를 듣고 나는 마음이 편안했다. 단순한 코감기였다.

진단, 조짐

> 참고 diagnóstico precoz 조기 진단
> diagnóstico erróneo 오진

---

☐ **clínica**

Esta tarde Verónica y su hija tienen que ir a la clínica.
오늘 오후 베로니카와 그녀의 딸은 병원에 가야만 한다.

의원, 진료소

> 동의어 hospital 병원
> 참고 hoja clínica 진료기록카드

---

☐ **centro de salud**

Esta mañana vamos a ir al centro de salud, Pablo está muy mal de la alergia.
오늘 오전 우리는 보건소에 가야 해, 파블로의 알레르기가 아주 심해.

보건소

---

☐ **sala de urgencias**

Conocí a Luis en la sala de urgencia, teníamos el pie roto los dos.
나는 응급실에서 루이스를 알게 되었는데, 우리는 둘 다 다리가 부러졌었다.

응급실

> 동의어 sala de emergencias

---

☐ **consulta**

El médico tiene la consulta decorada con dibujos de sus hijos.
의사는 그의 자녀들이 그린 그림으로 꾸민 진료실이 있다.

진찰(실)

☐ hospitalización | Debido al accidente, Román tuvo que ser hospitalizado. | 입원

사고로 인해 로만은 입원해야만 했다.

동의어 ingreso

---

☐ radiografía | Me tuvieron que hacer una radiografía porque no sabían si me había roto algún hueso. | 방사선촬영

혹시 뼈가 부러졌는지 몰라서 나는 방사선 촬영을 해야만 했다.

동의어 Rayos X(equis) 엑스레이

---

☐ sala de operaciones | La sala de operaciones es muy moderna y está bien equipada. | 수술실

수술실은 아주 현대식이고 장비가 잘 갖추어져 있다.

참고 operar 수술하다

---

☐ tratamiento | El año pasado tuvieron que seguir un tratamiento contra la obesidad. | 치료(법)

작년에 그들은 비만 치료를 계속해야만 했다.

동의어 cura

---

☐ inyección | Linda se mareó cuando le pusieron la inyección en el brazo. | 주사

린다는 팔에 주사를 맞았을 때 현기증을 느꼈다.

---

☐ dolencia | La dolencia fue fuerte y no pude aguantarla. | 통증, 아픔

통증이 심해서 나는 참을 수가 없었다.

참고 indolencia 무기력, 나태, 통증이 없음
pasar en indolencia 나태하게/무기력하게 보내다
condolencia 조의, 애도
ir a dar la condolencia 문상 가다

250

☐ dolor

Jaime no puede mover la muñeca porque tiene un dolor fuerte.

하이메는 손목이 무척 아파서 손목을 움직일 수 없다.

고통, 아픔

---

☐ fiebre

Tengo fiebre y mucha tos.

나는 열도 있고 기침도 많이 해.

열

---

☐ alergia

Nuria tiene alergia al marisco.

누리아는 해산물 알레르기가 있어.

알레르기

---

☐ tos

Tengo mucha tos seca y me duele al toser.

나는 마른 기침을 많이 하고 기침할 때 아파.

기침

---

☐ gripe

Hay mucha gripe, por eso este año debo vacunarme contra ella.

독감이 유행하고 있어서 올해는 독감 예방주사를 맞아야겠어.

참고 catarro 코감기
tener gripe, estar resfriado
독감/감기에 걸리다
gripe aviar 조류독감

감기, 독감

---

☐ dolor de cabeza

Cuando estoy mucho rato con el ordenador, me da dolor de cabeza.

나는 컴퓨터로 오랫동안 작업하면 머리가 아프다.

두통

---

☐ lesión

Sylvia no puede jugar al fútbol porque tiene una lesión en el tobillo.

실비아는 발목 부상으로 축구를 할 수 없다.

동의어 herida
참고 lesión cerebral 뇌 손상

부상

---

| □ obesidad | Los niveles de obesidad están creciendo mucho entre la población más joven.<br>비만의 수준이 젊은층 사이에서 가장 크게 증가하고 있다. | 비만 |

| □ fractura | Debido al golpe que se dio, José tiene una fractura en el brazo.<br>충격으로 인해 호세는 팔이 골절되었다. | 골절 |

| □ mareo | Mi primo Jerónimo se marea mucho en los coches.<br>나의 사촌 헤로니모는 자동차 멀미를 많이 한다.<br>동의어 vértigo | 멀미,<br>현기증 |

| □ medicina alternativa | Mi hermana menor tenía un dolor en la espalda y se curó con medicina alternativa.<br>내 여동생은 등에 통증이 있었는데 대체 의학으로 치료되었다.<br>참고 acupuntura 침<br>aromaterapia 아로마세러피, 방향요법<br>balneario 온천, 스파<br>masaje 마사지 | 대체의학 |

| □ antibiótico | Para eliminar algunas enfermedades bacterianas son buenos los antibióticos.<br>몇몇 박테리아 질병을 치료하는 데는 항생제가 좋다. | 항생제 |

| □ aspirina | El ácido acetilsalicílico es el principal componente de la aspirina.<br>아세틸살리틸산은 아스피린의 주성분이다. | 아스피린 |

| □ cápsula | Muchas medicinas vienen en cápsulas para ser tomadas.<br>많은 의약품은 섭취가 용이한 캡슐 형태로 나온다. | 캡슐 |

☐ comprimido

El farmacéutico me dijo que me tomara un comprimido cada 8 horas.

약사가 나한테 8시간마다 알약을 하나씩 먹으라고 했다.

동의어 píldora, pastilla

알약

---

☐ jarabe

Los jarabes son muy buenos para calmar la tos.

시럽은 기침을 가라앉히는 데 아주 좋다.

시럽

---

☐ pomada

Me di un golpe en la pierna y me echo esta pomada para aliviar el dolor.

다리를 부딪쳤는데 통증을 완화하기 위해 나는 이 연고를 바른다.

연고

- ☐ cáncer 암
- ☐ diabetes 당뇨병
- ☐ demencia 치매, 광기
- ☐ acné 여드름
- ☐ inflamación 염증
  - 참고 congestión 충혈, 울혈
- ☐ anorexia 거식증
- ☐ bulimia 다식증, 과식증
- ☐ neurosis 노이로제
- ☐ vacuna 백신
- ☐ SIDA 에이즈
- ☐ epidemia 전염병
- ☐ escalofrío 오한
- ☐ intoxicación por alimentos 식중독
- ☐ inmunidad 면역
  - 참고 autoinmunidad 자기 면역

- ☐ vendaje 붕대
  - 참고 tirita 밴드
- ☐ alcohol 알코올
- ☐ algodón 솜
- ☐ análisis de orina 소변 검사
  - 참고 análisis de sangre 피 검사
- ☐ historia clínica 진료 기록
- ☐ termómetro 체온계
- ☐ cuidados intensivos 중환자실
- ☐ ambulancia 구급차
- ☐ silla de ruedas 휠체어
- ☐ toxina 독소
- ☐ antídoto 해독제
- ☐ analgésico 진통제
  - 동의어 calmante
- ☐ secuela 후유증

## 형용사/동사

☐ postrar

Estuve postrado durante meses en la cama tras el accidente.

나는 사고 뒤 여러 달을 침대에서 지내야 했다.

넘어뜨리다, 쓰러뜨리다

---

☐ amputar

A Celes le tuvieron que amputar una pierna porque tenía muy mala circulación sanguínea.

셀레스는 혈액 순환에 문제가 있어 한 쪽 다리를 절단해야 했다.

(팔, 다리를) 절단하다

---

☐ herir

El señor Pérez se cayó por la escalera y se hirió en la cabeza.

페레스 씨는 계단에서 굴러 떨어져 머리에 상처를 입었다.

상처를 입히다

---

☐ sacar la sangre

Feliciano tiene mucho miedo cuando le sacan la sangre y por eso siempre cierra los ojos.

펠리시아노는 채혈할 때 너무 무서움을 느낀다. 그래서 항상 눈을 감는다.

피를 뽑다

---

☐ recetar

El médico me recetó unas pastillas para la tos que me vienen muy bien.

의사가 나한테 잘 맞는 기침약을 처방해 주었다.

처방하다

---

☐ curar

Tengo una herida en el pie que es muy difícil de curar.

나는 발에 치료하기 어려운 상처가 있다.

동의어 sanar

치료하다, 낫다

---

☐ operar

Pepe tiene un problema en un pie y lo van a operar mañana.

뻬뻬는 발에 문제가 있어서 내일 수술할 거야.

수술하다

| □ cuidar | Hoy viene una canguro a cuidar a los niños y podemos salir.<br>오늘 아이들을 돌보러 보모가 와서 우리들은 외출할 수 있어. | 돌보다,<br>보살피다 |
| --- | --- | --- |
| □ inyectar | La enfermera va a inyectarte esta medicina en el brazo.<br>간호사가 네 팔에 이 약을 주사할 거야. | 주사를 놓다 |
| □ poner yeso | Mateo se rompió la muñeca y le pusieron un yeso para inmovilizarla.<br>마테오는 손목이 부러져서 손목을 움직이지 못하게 석고를 했다. | 석고를하다 |
| □ irritar | Si estoy mucho tiempo viendo la televisión se me irritan los ojos.<br>나는 오랜 시간 TV를 보면 눈이 따끔따끔하고 아파. | 염증을 일으<br>키게하다 |
| □ infectar | Hay que lavar bien las heridas abiertas para que no se infecten.<br>전염되지 않도록 개방된 상처는 잘 닦아내야 한다.<br>참고 desinfectar 소독하다, 살균하다 | 전염시키다 |

Ⅰ 〈보기〉를 참고하여 단어를 올바르게 배열하세요.

① CECÁRN _____

② MIAEPIDE _____

③ GOALDÓN _____

④ JRAEBA _____

⑤ SIGÉLANACO _____

보기

ANALGÉSICO    CÁNCER    EPIDEMIA
ALGODÓN    JARABE

Ⅱ 빈칸에 알맞은 말을 쓰세요.

① Mi _____ es mayor y se queja mucho.

내 환자는 나이가 많고 불평이 참 많다.

② Tengo una herida en el pie que es muy difícil de _____ .

나는 발에 치료가 어려운 상처가 있다.

③ Debido al golpe que se dio, José tiene una _____ en el brazo.

충격으로 인해 호세는 팔이 골절되었다.

Ⅲ 다음 〈보기〉의 설명을 보고 그림과 맞게 연결하세요.

보기

A. Me duele la cabeza.
B. Estoy en la cama porque tengo mucha fiebre.
C. La enfermera va a inyectar esta medicina en el brazo.

①

②

③

Ⅳ 서로 맞는 것끼리 연결해 보세요.

① marear · · 멀미하다

② toser · · 주사하다

③ inyectar · · 기침하다

---

정답

Ⅰ  ① cáncer  ② epidemia  ③ algodón  ④ jarabe  ⑤ analgésico
Ⅱ  ① paciente  ② curar  ③ fractura
Ⅲ  ① C  ② B  ③ A
Ⅳ  ① marear (멀미하다)
    ② toser (기침하다)
    ③ inyectar (주사하다)

⊙ 다음 단어를 찾아 보세요.

| R | D | O | C | I | K | L | P |
|---|---|---|---|---|---|---|---|
| C | O | N | S | U | L | T | A |
| T | L | D | I | M | N | I | C |
| K | E | S | D | R | O | T | I |
| E | N | C | A | V | I | C | N |
| X | C | C | C | P | S | W | I |
| F | I | E | B | R | E | L | L |
| M | A | R | E | O | L | M | C |

CONSULTA  LESION  CLINICA  DOLENCIA

FIEBRE  MAREO  SIDA  ACNE

# 3 Fallecimiento 사망

## 명사

**fallecimiento**
El fallecimiento de un ser querido es siempre un momento triste.
사랑하는 사람의 죽음은 누군가에는 늘 슬픈 순간이다.
**동의어** muerte
**참고** certificado médico de defunción 사망 확인서
presunción de fallecimiento 사망 추정
사망, 죽음

**fallecido**
El fallecido tenía 38 años y deja dos hijas.
고인은 38세로 두 딸을 두고 있다.
고인

**ataúd**
Ponen el cadáver en el ataúd.
시신을 관에 넣는다.
관

**dolientes**
Los dolientes del muerto ponen flores alrededor del ataúd.
망자의 조문객들은 관 주변에 꽃을 놓는다.
조문객

**pésame**
Me voy al funeral para darle el pésame a mi amiga Ana.
내 친구 아나에게 조의를 표하기 위해 나는 장례식장에 간다.
애도, 조의

**indemnización**
¿Cómo se calcula la indemnización por fallecimiento?
사망 보험금은 어떻게 계산되나요?
**동의어** compensación, recompensa
보상

**cielo**
Todos iremos al Cielo, tú solo te adelantaste.
우리는 모두 천국으로 갈 거야. 단지 네가 조금 일찍 간 거야.
하늘, 천국

| | | |
|---|---|---|
| ☐ fúnebres | La presentación de honras fúnebres a militares fallecidos tuvo lugar ayer en el Cementerio Nacional. | 장례식 |
| | 전사한 군인들의 위령제가 어제 국립묘지에서 있었다. | |
| | 동의어 funerales | |
| | 참고 honras fúnebres 위령제 | |

| | | |
|---|---|---|
| ☐ entierro | Tras el entierro se celebraron las honras por el fallecido. | 매장 |
| | 매장 후 고인에 대한 의식이 진행되었다. | |

| | | |
|---|---|---|
| ☐ sepultación | La sepultación es el acto legal de inhumar cadáveres. | 장례 |
| | 장례는 시신을 매장하는 합법적 행위이다. | |
| | 참고 inhumar (시신을) 매장하다, 묻다 | |

| | | |
|---|---|---|
| ☐ sepultura | Está cavando su propia sepultura. | 무덤 |
| | 그는 자신의 무덤을 파고 있다. | |
| | 동의어 tumba | |

| | | |
|---|---|---|
| ☐ cremación | Prefiero la cremación al entierro. | 화장 |
| | 나는 매장하는 것보다 화장하는 것을 선호한다. | |
| | 참고 incinerar, cremar 화장하다 | |

| | | |
|---|---|---|
| ☐ tanatorio | Anoche estuve en el tanatorio visitando a la abuela de mi amigo Rafael. | 영안실 |
| | 나는 어제 내 친구 라파엘의 할머니 영안실에 있었다. | |

| | | |
|---|---|---|
| ☐ gozar | Espero que te encuentres gozando del reino del Señor.<br>나는 네가 하느님의 나라에서 행복한 삶을 누리기를 바라. | 누리다,<br>향유하다 |
| ☐ reposar | En esta tumba reposa un soldado desconocido.<br>이 묘지에는 한 무명용사가 잠들어 있다. | 안식을<br>취하다,<br>영면하다 |
| ☐ honrar | El Día de Muertos es una celebración mexicana que honra a los difuntos durante los días 1 y 2 de noviembre.<br>'망자의 날'은 11월 1일과 2일에 죽은 자를 기리는 멕시코의 행사이다. | 명예/영광<br>을 주다,<br>찬양하다 |
| ☐ reverenciar | Antiguamente, todos los súbditos debían reverenciarse ante el Rey.<br>옛날에는 모든 신하들이 왕 앞에서 고개를 숙여 공경함을 표해야만 했다. | 공경하다,<br>경외하다 |
| ☐ avisar de la muerte | Avisaron de la muerte de su tío ayer.<br>그들은 어제 자신들의 백부상을 부고하였다. | 부고하다 |
| ☐ dar el pésame | Esta noche deberíamos ir a dar el pésame a la viuda.<br>오늘 밤 우리들은 미망인에게 조의를 표하러 가야만 할 것입니다. | 문상 가다,<br>조의를<br>표하다 |
| ☐ condolerse | Me conduelo de su fallecimiento.<br>나는 그의 죽음에 마음이 아프다. | 마음이<br>아프다,<br>조문하다 |

**I** 〈보기〉를 참고하여 단어를 올바르게 배열하세요.

① SAPÉEM _____

② DOCIELLAF _____

③ OTIRRENE _____

④ DEINMNICIÓNZA _____

⑤ ELOCI _____

> **보기**
>
> FALLECIDO    PÉSAME    CIELO    ENTIERRO    INDEMNIZACIÓ

**II** 빈칸에 알맞은 말을 써 넣으세요.

① Tras el _____ se celebraron las honras por el fallecido.
매장 후 고인에 대한 의식이 진행되었다.

② El _____ tenía 38 años y deja dos hijas. 고인은 38세로 두 딸을 두고 있다.

③ Prefiero la _____ al entierro. 나는 매장하는 것보다 화장하는 것을 선호한다.

**III** 밑줄 친 단어를 뜻이 통하는 다른 말로 써 넣으세요.

① Está cavando su propia *sepultura*.
　　　　　　(　　　　)

② *El fallecimiento* de un ser querido es siempre un momento triste para alguien.
(　　　　　　)

③ ¿Cómo se calcula la *indemnización* por fallecimiento?
　　　　　　(　　　　　)

⊙ 다음 단어를 찾아 보세요.

```
F U N E R A L O
R A R N O H B R
F A L L E C E R
K T A S D I O E
V A X M T E H I
I U O X Z L C T
Ñ D A V W O I N
P E S A M E N E
```

FUNERAL    FALLECER    ATAUD    PESAME

CIELO    ENTIERRO    HONRAR    NICHO

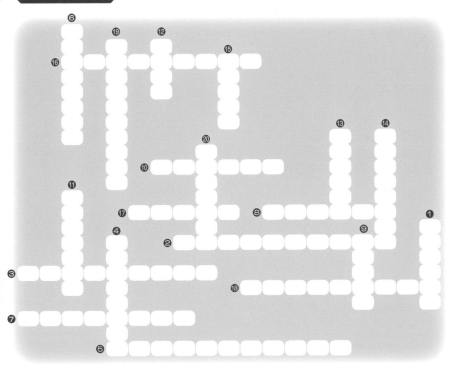

1. Parte externa de la boca.
2. Medicamento en forma de pastilla.
3. Sección del hospital para los niños.
4. Rotura de hueso.
5. Medicina que sirve para matar las bacterias.
6. Persona que va al médico.
7. Lugar donde el médico observa a sus pacientes.
8. Parte superior del cuerpo que alberga al cerebro.
9. Sensación desagradable producida por algún daño físico o psicológico.
10. Que tiene fuerza y resistencia.
11. Persona que tiene poca grasa en el cuerpo.
12. Sirve para coger cosas.
13. Líquido que fluye por las venas y arterias de muchos animales.
14. Órgano que sirve para digerir la comida.
15. Sirve para escuchar.
16. Acto de incinerar un cuerpo muerto.
17. Lugar donde hay un cadáver enterrado (sepultura sinónimo)
18. Lugar donde se expone al muerto antes de ser enterrado
19. Lugar con muchas tumbas o sepulturas.
20. Órgano nervioso principal situado dentro de la cabeza.

⊙ [I-1] p21

⊙ [I-2] p31

⊙ [I-3] p47

⊙ [II-1] p58

⊙ [II-2] p68

⊙ [II-3] p79

⊙ [Ⅲ-1] p91

⊙ [Ⅲ-2] p96

⊙ [Ⅲ-3] p104

⊙ [Ⅳ-1] p124

⊙ [Ⅳ-2] p138

⊙ [Ⅳ-3] p153

⊙ [V-1] p168

⊙ [V-2] p181

⊙ [V-3] p192

⊙ [V-4] p202

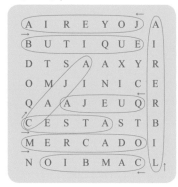

⊙ [V-5] p208

⊙ [Ⅵ-1] p220

## ⊙ [Ⅵ-2] p229

## ⊙ [Ⅵ-3] p237

## ⊙ [Ⅶ-1] p248

## ⊙ [Ⅶ-2] p259

## ⊙ [Ⅶ-3] p265

## ⊙ [Ⅰ] p48

⊙ [Ⅲ] p105

⊙ [Ⅱ] p80

⊙ [Ⅳ] p154

⊙ [Ⅴ] p209

⊙ [Ⅵ] p238

⊙ [Ⅶ] p266

# A

**C**

## T

# 착! 붙는
# 스페인어
# 단어장

| | |
|---|---|
| 초판인쇄 | 2024년 3월 20일 |
| 초판발행 | 2024년 3월 27일 |

| | |
|---|---|
| 저자 | 최윤국, 정호선 |
| 감수 | Masete Pardo Alberto Javier |
| 펴낸이 | 엄태상 |
| 편집 | 권이준, 김아영, 임세희 |
| 디자인 | 권진희, 이건화 |
| 표지 일러스트 | eteecy |
| 콘텐츠 제작 | 김선웅, 조현준, 장형진 |
| 마케팅 본부 | 이승욱, 왕성석, 노원준, 조성민, 이선민 |
| 경영기획 | 조성근, 최성훈, 김다미, 최수진, 오희연 |
| 물류 | 정종진, 윤덕현, 신승진, 구윤주 |

| | |
|---|---|
| 펴낸곳 | 시사북스 |
| 주소 | 서울시 종로구 자하문로 300 시사빌딩 |
| 주문 및 교재 문의 | 1588-1582 |
| 팩스 | 0502-989-9592 |
| 홈페이지 | http://www.sisabooks.com |
| 이메일 | book_etc@sisadream.com |
| 등록일자 | 1977년 12월 24일 |
| 등록번호 | 제2014-000092호 |

| | | |
|---|---|---|
| ISBN | 978-89-402-9395-9 | 13770 |